AF212240

QUÉ ES LA REALIDAD

Alan Watts

QUÉ ES
LA REALIDAD

editorial Kairós

Título original: WHAT IS REALITY
Traducción: Miguel Portillo

© 1990 Mark Watts
© de la edición española:
    1994 Editorial Kairós, S.A.
    www.editorialkairos.com

Primera edición: Enero 1995
Tercera edición: Noviembre 2024

ISBN-10: 84-7245-363-4
ISBN-13: 978-84-7245-363-0
Depósito legal: B-37.866/1994

Diseño portada: Ana Pániker
Fotocomposición: Beluga & Mleka, Córcega, 267, 08008 Barcelona
Impresión y encuadernación: Ulzama digital

Todos los derechos reservados.
Cualquier forma de reproducción, distribución, comunicación
pública o transformación de esta obra solo puede ser realizada
con la autorización de sus titulares, salvo excepción prevista por
la ley. Diríjase a CEDRO (Centro Español de Derechos Reprográficos,
www.cedro.org) si necesita algún fragmento de esta obra.

Este libro ha sido impreso con papel que proviene de fuentes respetuosas
con la sociedad y el medio ambiente y cuenta con los requisitos necesarios
para ser considerado un «libro amigo de los bosques».

Dedicado a Anthony Newly

PREFACIO

Alan Watts, autor de treinta libros de filosofía comparada, nos legó una síntesis fascinante entre las antiguas mitologías orientales y las modernas del mundo occidental. Durante la década de los sesenta, y los primeros años de la década de los setenta, dio un gran número de conferencias, difundiendo sus ideas por todos los países de lengua inglesa, y se hizo famoso como filósofo y conferenciante, por su ligero acento británico y su personalísimo don de trasmitir de forma concisa, y a veces humorística, la esencia de la filosofía de la religión. Este libro consta básicamente de conferencias seleccionadas cuidadosamente de la Electronic Tape Library.

En los capítulos siguientes, Alan Watts toca temas que en el momento en que pronunciaba las conferencias eran muy polémicos, incluso esotéricos; sus ideas, cuando las comunicó por primera vez, fueron consideradas por mucha gente como bastante "valientes". Pese a ello, el tiempo y los acontecimientos le han situado a la vanguardia de los pensadores que intentan redefinir el papel del hombre en la naturaleza, de los que pretenden adaptar al mundo de hoy los textos cristianos, y hasta de quienes intentan resolver los problemas que plantea la drogadicción. Por lo demás, sus opiniones sorprenden por lo bien que se adaptan a los nuevos puntos de vista de la física y otras exploraciones científicas del ser humano como "organismo/entorno".

Mirando hacia atrás, parece que las mitologías budista, hindú y taoísta nos ofrecen un modelo más adecuado de las relaciones del hombre con el universo que nuestra cosmología newtoniana, en la que el universo se reduce a una serie de relaciones de causa-efecto, vigiladas por un monarca lejano. En cambio, Alan Watts nos describe un mundo que es "así de por sí", y en el que cada uno de sus aspectos o facetas es sintomático de la totalidad del proceso. Le gustaba recordar a su audiencia:"no hemos venido a este mundo; ¡hemos crecido de él! Y naturalmente, lo que sucedió una vez, volverá a suceder una y otra vez". Desde esta perspectiva, Dios es entendido como el ser fundamental del que salimos, no como forasteros, sino como creadores de cuanto es y de cuanto se vuelve real. Estados mentales contradictorios son considerados como etapas de un proceso inteligente, en el que el individuo llega a reconocerse como uno de los muchos puntos focales en los que el universo toma conciencia de sí mismo. Bajo este enfoque, las revelaciones de la unidad fundamental de la vida, sean éstas espontáneas o debidas a la ingestión de una droga, deberían ser estudiadas valorando su contenido, en vez de ser descartadas como locura, atendiendo al contexto en que ocurren. Como plato especialmente sabroso, a continuación de las conferencias se incluyen algunas interpretaciones poéticas de experiencias semejantes, debidas a Alan Watts.

Vivimos en un momento de gran confusión internacional y tremendas presiones sociales y económicas que pretenden obligarnos a suscribir las opiniones y los métodos de nuestra cultura predominante. La comprensión, la iluminación, y la liberación de "maya" –o ilusión– en el mundo competitivo en que vivimos, es todavía la excepción y no la regla. No obstante, mientras las soluciones tecnológicas desaparecen tras la nube de las toxinas y los microbios parásitos, las ideas que abogan por una visión del mundo más equilibrada y eficaz continuarán siendo publicadas y aceptadas.

MARK WATTS

1. MITOS DE LA REALIDAD: CIENCIA Y MISTICISMO

Me resulta un poco difícil decir de qué trataremos en esta confererencia, porque el tema que vamos a tocar es demasiado fundamental para darle un título. Voy a hablar de lo que existe. Antes que nada, tenemos que aclarar las ideas básicas que, como occidentales que habitan hoy día en los Estados Unidos, tienen una influencia en nuestro sentido común cotidiano: las nociones fundamentales acerca de la naturaleza de la vida. Éstas tienen unos orígenes históricos que nos influyen más decisivamente de lo que cree la mayoría de la gente. Son ideas del mundoque están implícitas en la misma esencia del lenguaje que utilizamos y de lo que consideramos lógico e inteligible.

Llamo *mito* a dichas ideas básicas, no simplemente en el sentido de algo falso, sino dando a esta palabra un significado más amplio.

Mito es toda imagen en virtud de la cual intentamos dar un sentido al mundo. El mito es algo así como una metáfora. Por ejemplo, si quieres explicar la electricidad a alguien que no sabe nada de ella, hablas de una "corriente eléctrica". Pero resulta que la palabra "corriente" se toma prestada de los ríos, pertenece a la hidráulica, de modo que estás explicando la electricidad con un vocabulario propio del agua. La electricidad no es agua, de hecho se comporta de manera diferente, pero las conductas de ambas tienen ciertas semejanzas, por lo que explicas la una en términos de la otra.

O si eres un astrónomo, y quieres explicar qué entiendes por un universo en expansión y un espacio curvo, dices: "Bueno, es como si tuvieras una pelota negra salpicada de blanco, y las manchitas blancas representan las galaxias. Al ir hinchando la pelota, se van alejando las unas de las otras". Estás utilizando una analogía: el universo real no es una pelota negra con manchitas blancas. De forma parecida utilizamos este tipo de imágenes en nuestro esfuerzo por comprender el mundo. Vivimos bajo la influencia de dos imágenes particularmente influyentes, que son, atendiendo a nuestro conocimiento científico actual, inadecuadas. Uno de nuestros problemas principales es encontrar una imagen del mundo correcta y satisfactoria.

Bien, esto es de lo que voy a tratar; y voy a ir todavía más lejos: no sólo voy a hablar de nuestra imagen del mundo, sino de qué manera podemos conciliar nuestras sensaciones y sentimientos con la imagen del mundo más razonable que podamos concebir.

Las dos imágenes que hemos venido acarreando durante un par de milenios largos, son lo que yo llamaría dos modelos del universo. El primero de ellos es llamado *modelo cerámico*, y el segundo es el *modelo superautomático*. El modelo cerámico del universo está basado en el libro del Génesis, del que el judaísmo, el islam y el cristianismo derivan su representación básica del mundo. La imagen del mundo que aparece en el libro del Génesis es la del mundo como artefacto: algo *hecho*, de la misma manera que un alfarero toma barro y hace un recipiente con él, o un carpintero coge madera y hace con ella unas sillas.

No hay que olvidar que Jesús es hijo de un carpintero, y también el hijo de Dios. Así que la imagen de Dios y del mundo está basada en la idea de Dios como técnico, alfarero, carpintero, arquitecto, que tiene un plan en su mente y fabrica el universo de acuerdo con el mismo. Es una imagen del mundo que se basa en la opinión de que el mundo está hecho de algo: materia primordial, substancia, algo, como los recipientes están hechos de barro. El barro, por sí mismo, no posee inteligencia. El barro, por sí mismo, no toma la forma del recipiente en que se convierte, aunque un buen alfarero pueda pensar lo contrario. Si eres un alfarero realmente bueno, no impones al barro tu voluntad, sino que le preguntas a un montón dado de barro en qué quiere convertirse y le ayudas a conseguirlo –y entonces te conviertes en un genio. Pero la idea más corriente es, sencillamente, que el barro carece de inteligencia, es simple materia, y el ceramista le impone su voluntad y le obliga a convertirse en lo que quiera.

En el libro del Génesis, el Señor crea a Adán del polvo de la tierra. En otras palabras, hace una figurita de barro, y luego le echa el aliento, y ella cobra vida, porque el barro resulta *informado*. Por sí mismo, no tiene forma, ni inteligencia; por lo tanto, necesita de una inteligencia exterior, una energía exterior que le dé la vida y le comunique algún sentido. Así que, en cierto modo, hemos heredado el concepto de que somos artefactos –nos han *hecho*. En nuestra cultura es perfectamente natural que un niño pregunte a su madre:"¿cómo me han hecho?", o "¿quién me ha hecho?".

Ésta es una idea muy, muy influyente, pese a no ser compartida por los chinos ni por los hindúes. Un niño chino no preguntaría a su madre: "¿cómo me han hecho?". Un niño chino le preguntaría a su madre: "¿cómo he *crecido*?", lo que no tiene nada que ver con la manufactura. En efecto, cuando haces algo, lo montas, organizas sus partes trabajando desde fuera hacia dentro, como un escultor que trabaja la piedra o el alfarero que trabaja con barro. Pero cuando observas algo que crece, sucede exactamente lo contrario, de dentro hacia fuera. Se expande, brota, florece, y esto sucede de forma simultánea en todo su ser. Con otras palabras, la forma simple original de una célula viva en la matriz, se complica progresivamente, y en ésto consiste el proceso de crecimiento, algo diametralmente opuesto al proceso de fabricación.

A lo largo de la historia hemos venido pensando en el mundo como algo fabricado. Se piensa, por ejemplo, en los árboles, como si fueran construcciones, como lo son las mesas, o las casas. Por eso hay una diferencia fundamental entre lo hecho y el hacedor. Esta imagen del modelo cerámico del universo se originó en culturas que tenían una forma monárquica de gobierno. Culturas en las que el hacedor del universo era, al mismo tiempo, concebido como *rey* del universo. "Rey de Reyes, Señor de los Señores, único Gobernador de los Príncipes, el polvo de tu trono contempla a todos los habitantes de la tierra". La cita pertenece al breviario de la Iglesia. De modo que todos cuantos conciben así el universo, se sienten implicados, con respecto a la realidad básica, en una relación de súbdito a rey. Tienen una actitud sumamente humilde frente al autor de todo este mecanismo, sea cual sea su naturaleza.

Me parece extraño que en los Estados Unidos, individuos que son ciudadanos de una república tengan una teoría monárquica del universo. Puedes referirte al presidente de los Estados Unidos como "LBJ", "Ike" o "Harry", pero no

puedes hablar del señor del universo en los mismos términos. Lo que se debe a que estamos cargando con la creencia,
procedente de las antiguas culturas del Oriente Próximo, de
que el Señor del Universo debe ser tratado de cierta manera.
Se arrodillan, hacen reverencias, se postran –¿y sabéis por
qué? Porque nadie teme tanto a los demás como el tirano.
Se sienta con la espalda contra la pared, flanqueado por sus
guardias, y te hace mirar al suelo porque de esta forma no
puedes usar ningún arma. Al llegar ante su presencia, no te
plantas frente a él, cara a cara, pues así podrías atacarle. Y
con razón recela, pues *domina* a todo el mundo. El hombre
que domina a todos es el peor rufián de la pandilla, ya que
es el único de los delincuentes que ha triunfado. Los demás
son apartados; porque los delincuentes, los individuos a
quienes encerramos en las cárceles, son simplemente aquéllos que fracasaron.

Naturalmente, el jefazo se sienta dando la espalda a la
pared, con sus gorilas a derecha e izquierda. Por lo que,
cuando diseñas una iglesia, ¿a qué se parece? La iglesia católica tiene el altar dando la espalda a la pared, en el extremo oriental del edificio (esto está cambiando ahora, porque
la religión católica está cambiando). El altar es el trono, y
el sacerdote es el supremo visir de la corte, que se posterna
ante él. Ahí está el trono de Dios, el altar, y todo el mundo
le da la cara, arrodillándose. Una catedral católica especialmente importante recibe el nombre de *basílica*, del griego
"basileus", que significa rey. Una basílica es el domicilio
de un rey, y el ritual de la iglesia católica está basado en los
rituales de la corte bizantina.

Una iglesia protestante es un poco diferente, aunque básicamente similar. Las iglesias protestantes están amuebla-
das como las salas de un palacio de justicia. El juez, en un

juicio americano, lleva una túnica negra, va vestido exactamente igual que un ministro protestante. Todo el mundo está sentado dentro de esos cajones. Hay uno para el juez –el púlpito– otro para el jurado, para ésto, para aquéllo, igual que los bancos en una iglesia protestante corriente de tipo colonial. Ambos tipos de iglesias, que tienen una visión autocrática de la naturaleza del universo, son decoradas y construidas de acuerdo con sus respectivas imágenes políticas del universo.

La de una es el rey, y la de la otra el juez, "¡Su Señoría!". Por algo tenemos que dirigirnos al juez llamándole "Señoría" en un juicio. Impide que los litigantes pierdan el control y actúen groseramente. Pero cuando quieres trasladar esta imagen a escala universal, a la misma naturaleza de la vida, tiene sus límites – por ejemplo, la idea de la diferencia de la materia y el espíritu. Esta idea ya no funciona. Hace mucho, mucho tiempo que los físicos dejaron de plantearse la cuestión en términos de: "¿qué es la materia?". Empezaron así. Querían saber cuál es la substancia fundamental del mundo. Cuanto más se lo preguntaban, más claramente comprendían que no podían responder, porque si tienes que explicar lo que es la materia, tienes que describirlo en términos de conducta. O lo que es lo mismo, en términos de forma, en términos de diseño. Explicas lo que hace, describes sus formas hasta llegar a la mínima escala visible.

¿Y qué pasa? Observas una piedra y quieres decir de qué está hecha. Coges tu microscopio y la miras, pero en vez de un trozo de materia, ves muchas formas cada vez más pequeñas, diminutos cristales. Así que dices: "bueno, hasta aquí, todo en orden. ¿Y de qué están hechos estos cristales?". Coges un instrumento más potente, y resulta que los cristales están hechos de moléculas. Entonces coges instrumentos todavía más potentes, para averiguar de qué están hechas las moléculas, y empiezas a describir átomos, electrones, protones, y todo tipo de partículas subatómicas. Pero nunca, nunca, llegas al *material básico*, porque no existe.

He aquí lo que sucede. *Material* es una palabra válida para el mundo, tal como se ve cuando lo miramos con los ojos desenfocados, borroso. Nos referimos a algo indiferenciado, como una especie de jalea. Cuando nuestros ojos no están enfocados, todo se ve borroso. Al enfocarlos, ves una forma, un diseño. Pero cuando quieres cambiar la escala, y te acercas más, y más y más, se vuelve a ver borroso, antes de volver a aclararse.Así que cada vez que se vuelve borroso, empiezas a pensar que se trata de algún tipo de *materia*. Pero cuando se aclara, ves una forma. Por lo que no podemos hablar más que de formas. Nunca jamás podemos hablar del material con que se supone que dichas formas están hechas, porque ni siquiera estamos obligados a suponer que éste existe.

Basta con hablar del mundo en términos de formas; esto describe todo cuanto puede ser descrito, por lo que no es necesario suponer la existencia de algo que constituya su esencia de la misma forma que el barro constituye la esencia del recipiente. Así que, por la misma razón, no es necesario suponer que el mundo es una especie de montón pasivo, impotente y carente de inteligencia, que un agente exterior debe configurar para darle formas inteligentes. La física actual más avanzada no se representa el mundo como materia formada, barro convertido en recipiente, sino como un diseño. Un diseño semoviente, que se dibuja a sí mismo: una danza. Nuestra mentalidad individual todavía no ha alcanzado este punto.

Con el paso del tiempo, en la evolución del pensamiento occidental, la imagen cerámica del mundo se vio en aprietos, y se transformó en lo que llamo el modelo (o imagen del mundo) *superautomático*. La ciencia occidental se basaba en la idea de que existen ciertas leyes de la naturaleza. Sacó esta idea del judaísmo, el cristianismo y el islam: que el alfarero, el hacedor del mundo, dictó sus leyes al principio de todo: la Ley de Dios, que es también la ley natural. Recibe el nombre de *logos*. Y en el cristianismo, logos es la segunda persona de la Trinidad, encarnada en Jesucristo, que por eso mismo es la imagen perfecta del Divino Señor.

De esta forma nos hemos acostumbrado a pensar que todos los fenómenos naturales obedecen a leyes, como si las leyes del mundo fueran unos raíles por los que se desliza, como un tranvía o un tren. Las cosas existen de una manera determinada, y todos los sucesos responden a estas leyes. Ya conocéis la copla:

There was a young man who said, "Damn!,
There certainly seems that I am
A creature that moves,
in determinate grooves.
I'm not even a bus, I'm a tram".

(Dijo un muchacho :"!Madre mía!,
parece que soy, a fe mía,
criatura que se mueve
siguiendo fijos rieles.
Soy no ya un autobús, sino un tranvía".)

He aquí la idea de que existe un cierto plan, y de que todo sigue y obedece a este plan. En el siglo XVIII, los intelectuales occidentales empezaron a poner en duda esta idea. Lo que pusieron en tela de juicio es si existe un Legislador, si existe un arquitecto del universo. Y concluyeron que no es necesario suponer su existencia. ¿Por qué? Porque la hipótesis de Dios no nos ayuda a formular ninguna predicción. Digámoslo así: a la ciencia, lo que le interesa es formular predicciones acerca de lo que va a suceder. La ciencia es, esencialmente, profecía: lo que va a suceder. Mediante el estudio de la conducta anterior, y su exacta descripción, podemos predecir lo que sucederá en el futuro. De hecho, la ciencia no es más que esto. Para hacer dichas predicciones, y que sean acertadas, no necesitas la hipótesis de un Dios, pues ésta no cambia nada. Si dices que Dios lo controla todo, que Dios lo gobierna todo, esto no cambia en nada tus predicciones de lo que va a suceder. Lo que hicieron fue, simplemente, abandonar esta hipótesis, pero *conservaron* la hipótesis de la Ley. Porque si puedes hacer predicciones, si puedes estudiar el pasado y describir cómo se han comportado las cosas, y has encontrado ciertas regularidades en el comportamiento del universo, a eso le llamas "Ley". Aunque quizá no sea ley en el sentido corriente de la palabra, sino simple regularidad.

Se sacudieron de encima el Legislador y se quedaron con la Ley. Así que concebían el universo como un mecanismo, algo que funciona obedeciendo a principios regulares, mecánicos, como un reloj. Toda la imagen newtoniana del mundo está basada en el juego del billar. Los átomos son bolas de billar que chocan unas contra las otras. Por lo que todo individuo es definido como una construcción muy, muy compleja de bolas de billar que van chocando con todo lo demás. Así que, tras el modelo superautomático del universo, está la creencia de que la realidad misma es, para utilizar el término favorito de los científicos del siglo XIX, *energía ciega*.

En la metafísica de T. H. Huxley el mundo no es básicamente sino energía, una fuerza ciega carente de inteligencia. De la misma manera, y paralelamente a lo anterior, en la filosofía de Freud la energía psicológica básica es la *libido*, que es deseo ciego. Sólo por carambola, por pura suerte, como resultado de la exuberancia de esta energía, existe gente con valores, con razón, con idiomas, con culturas y con amor.

Pura carambola. Como si mil monos, tecleando en mil máquinas de escribir, durante un millón de años, llegaran a escribir la Enciclopedia Británica. Naturalmente, en cuanto acaben de escribir la Enciclopedia Británica volverán a sumirse en una total incoherencia. Así que, para que esto no ocurra (porque tú y yo somos carambolas en este cosmos y nos gusta esta vida, nos gusta ser humanos) dichos individuos dicen que si queremos conservarla, tenemos que *combatir* la naturaleza, porque nos devolverá a la incoherencia en el mismo instante en que se lo permitamos. Tenemos que imponer nuestra voluntad en este mundo, como si fuéramos algo totalmente ajeno a él: forasteros.

Por tanto tenemos una cultura basada en la idea de la lucha entre el Hombre y la Naturaleza. Hablamos de la *conquista* del espacio, la *conquista* del Everest. Y he aquí los dos grandes símbolos de nuestra cultura: el cohete espacial y la excavadora. Es sabido que el cohete es una compensación del macho sexualmente incapaz. Por lo que vamos a *conquistar* el espacio. Pero ya estamos en el espacio, !y bien adentro! Si te tomaras el trabajo de afinar tu sensibilidad, permitirías que lo que está fuera (o espacio) viniera a ti. Si abres bien los ojos lo podrás ver claro: con la ayuda de los telescopios, de la radioastronomía, con la ayuda de todo tipo de instrumentos sensibles, somos capaces de ver que no es posible llegar más adentro del espacio, de lo que estamos ya.

Pero la sensibilidad no es de buena nota, especialmente en la cultura WASP (blanca, anglosajona y protestante) estadounidense, en la que la hombría viene definida en términos de agresividad. Tenemos nuestras dudas acerca de si somos hombres de veras, por lo que montamos todo este número de ser un tipo duro. Es absolutamente innecesario. ¿Sabes?, no es preciso que montes este número, no es preciso someter a la naturaleza. ¿Por qué combatir a la naturaleza? Después de todo, *eres* un síntoma de la naturaleza. Tú mismo, como ser humano que eres, creces de este universo físico exactamente de la misma manera que una manzana crece de un manzano. Digamos que un árbol que da manzanas es un árbol que *manzanea*; y un mundo que da personas es un mundo que *personaliza*.

La existencia de seres humanos es sintomática del tipo de universo en el que vivimos, exactamente de la misma forma en que ciertas manchas en la piel son síntomas de la viruela o como el cabello en la cabeza es sintomático de lo que ocurre en el organismo. Pero nos han educado, de acuerdo con nuestros dos grandes mitos, el cerámico y el superautomático, para no creer que pertenecemos al mundo. El habla popular lo refleja cuando decimos: "vinimos *al* mundo". No fue así. *Saliste* de él. Decimos: "¡enfrentémonos a los hechos!". Hablamos de acercamientos a la realidad como si fuera un encontronazo de dos seres totalmente extraños.

El hombre medio tiene la sensación de ser algo que está dentro de un saco de piel, el centro de una conciencia que mira hacia fuera y pregunta: "¿qué diablos me va a hacer? Te conozco. Te pareces a mí, me he mirado en el espejo y, por tu aspecto, podrías ser un ser humano. Así que quizás eres inteligente, quizás puedes también amar. Quizá seas aceptable: los hay, entre vosotros, que tienen el color de piel aceptable; o la religión aceptable; o lo que sea, que sea aceptable. Pero toda esa gente del Asia y del África... quizá no sean *realmente* seres humanos". Cuando quieres destruir a alguien, siempre acabas definiéndolos como inhumanos. No *del todo* humanos, acaso monos, o idiotas, o máquinas, pero no humanos. Sentimos esta hostilidad hacia el mundo exterior por culpa de la superstición del mito, la teoría absolutamente infundada de que existimos sólo dentro de nuestra piel.

En la actual ciencia astronómica existen dos grandes teorías acerca del origen del universo. Una de ellas es la llamada teoría de la explosión, la otra la teoría del estado constante. Los defensores del estado constante dicen que el mundo nunca comenzó, está en un estado de constante expansión, pero que, como resultado del hidrógeno libre que se encuentra en el espacio, el hidrógeno libre se coagula y forma nuevas galaxias. Los otros dicen que hubo una explosión primordial, un enorme "bang" hace miles de millones de años, que proyectó hacia el espacio todas las galaxias. Escojamos ésta última, para utilizarla como hipótesis, y digamos que así sucedió efectivamente.

Es como si cogieras un tintero y lo estamparas contra la pared. ¡Paf! Toda la tinta se esparce. En el centro es densa, y conforme nos vamos acercando al borde, las gotitas se hacen más y más diminutas, y forman diseños de complejidad creciente. De la misma manera, en el comienzo de todas las cosas hubo una gran explosión y todo quedó esparcido. Tú y yo, sentados en esta habitación, un par de complicados seres humanos, nos hallamos situados en un sector marginal de dicha explosión. Somos manchitas de forma complicada en uno de sus extremos; muy interesante.

De manera que nos definimos a nosotros mismos como si *únicamente* fuéramos esto. Si crees que sólo existes dentro de tu piel, te defines a ti mismo como si fueras un grafismo retorcido y diminuto, en el extremo más alejado de dicha explosión, perdido en las entrañas del espacio y el tiempo. Hace miles de millones de años eras un big bang. Pero ahora eres un ser humano complejo, y nos hemos independizado, y ya no nos creemos el big bang. Pero lo somos. Depende de cómo te defines a ti mismo. Si es ésta la forma en que todo comenzó, no hay forma de eludirlo: si existió al principio un big bang, tú no eres un *resultado* de este big bang; no eres algo así como una especie de marioneta que aparece al final del proceso… sigues siendo *el* proceso. Eres el big bang, la fuerza original del universo, saliendo a escena disfrazado de quien seas. Cuando te encuentro, no veo tan sólo aquéllo que te define según tú mismo, el señor Fulano, la señorita Tal, la señora Cual, sino que veo a todos y cada uno de vosotros como la fuerza primordial del universo manifestándose a mí de esta forma concreta.

Yo sé que también yo soy esto. Pero hemos aprendido a definirnos como algo separado de esto, por lo que uno de los problemas que tenemos que resolver en primer lugar es entender que no existen realmente *cosas*; es decir, cosas independientes, o sucesos independientes; eso sólo es una forma de hablar. Si llegas a entender esto ya no tendrás más problemas.

En cierta ocasión pregunté a un grupo de alumnos: "¿qué queréis decir cuando decíis *cosa*?" Al principio me respondieron con toda clase de sinónimos. Decían: "es un objeto", lo que es simplemente utilizar otra palabra para decir cosa, no te dice nada acerca de qué significa la palabra cosa. Por fin, una chica italiana muy lista dijo: "una cosa es un nombre", y tenía toda la razón. Un nombre no es parte de la naturaleza, sino de la conversación. En el mundo físico no hay nombres. En el mundo físico tampoco hay cosas independientes. El mundo físico es ondulado, es algo como un dibujo en la pizarra. Quizás es una nube. Nubes, montañas, árboles, personas, todos son ondulados. Sólo cuando los seres humanos ponen manos a la obra, construyen edificios de líneas rectas y pretenden hacernos creer que el mundo no es ondulado. Y aquí estamos nosotros, sentados en esta sala, construida con líneas rectas y, sin embargo, somos el no va más de la ondulación.

Cuando intentas agarrar algo que ondula, es difícil, ¿no es cierto? Intentas agarrar un pez y el pez ondula, y se te escurre. ¿Y qué haces para cazarlo? Utilizas una red. La red es el objeto básico con que agarramos un mundo ondulado. Si quieres controlar su meneo, tienes que atraparlo con una red. ¿Qué sucede entonces? La red es algo regular, puedo numerar sus agujeros, tantos agujeros verticales, tantos agujeros horizontales. Si puedo numerarlos, puedo señalar exactamente la posición de cada onda, en términos de cada uno de los agujeros de la red. Y he aquí el comienzo del cálculo, el arte de medir el mundo. Pero, para lograr esto, tengo que dividir en trocitos la onda, tengo que dar un nombre específico a cada trocito, y éste es el trocito que viene a continuación, y éste es el que viene a continuación, y éste es el que viene a continuación, y éstos trocitos son *cosas*, o sucesos. Señalo trocitos de onda para poder hablar de la onda, para medirla y, en última instancia, controlarla. Pero en la naturaleza, en el mundo de los hechos, físico, la onda no está troceada, de la misma manera que de un huevo no sacas un pollo a cuartos. Para comerlo, tienes que trocearlo y masticarlo tú mismo. De la misma manera, el mundo no está *cosificado,* no está dividido en sucesos. Tú y yo formamos con el universo físico un todo tan continuo como el que forman la ola y el océano.

El océano ondula, y el universo humaniza. Igual que la ola, hago con mi mano un gesto ondulado y te saludo: "¡hola!", y el mundo me devuelve el ondulante saludo cuando me contestas: "¡eh, estoy aquí...!". Pero nuestra conciencia, o el modo en que sentimos y concebimos nuestra existencia, basados como están en el mito de que somos algo hecho, de que somos piezas, de que somos cosas, nuestras conciencias han sido influídas de tal forma, que no lo sentimos. Hemos sido hipnotizados, literalmente hipnotizados por la convención social, para sentir y creer que sólo existimos dentro de nuestra piel; que no somos el bang original, sino tan sólo algo en un extremo remoto del mismo. Por eso estamos muertos de miedo. Mi onda va a desaparecer, voy a morir y eso sería horrible. En términos generales, somos fieles a una mitología según la que, como dijo el padre Mascal, "somos únicamente lo que ocurre entre la maternidad y el crematorio, y eso es todo". Por eso nos sentimos todos tristes y deprimidos.

Esto es lo que la gente realmente cree hoy en día. Puedes ir a la iglesia. Puedes afirmar que crees en esto, o en lo de más allá, ¡pero no es cierto! Incluso los Testigos de Jehová, los más fundamentalistas de todos y que, cuando llaman a tu puerta, se portan educadamente, si *de veras* creyeran en el cristianismo, irían gritando por las calles, pagarían anuncios a toda página en los diarios todos los días y harían tremendos programas en la televisión. Las iglesias se volverían locas si de verdad creyeran lo que predican, pero no es así. Piensan que *deberían* creer en lo que enseñan, creen que deberían creer, pero no creen. De hecho creen en el modelo superautomático, que es básicamente lo que predica el sentido común. Eres una carambola. Eres un suceso independiente, que va de la maternidad al crematorio, y se acabó, chico. Eso es todo.

¿Por qué todo el mundo piensa así? No hay razón plausible, pues ni siquiera es científico. Es un puro mito. Lo inventaron individuos que querían sentirse de una manera determinada, querían jugar determinado juego. El juego de Dios se volvió embarazoso. La idea de Dios como alfarero, como arquitecto del universo, es buena, y te da la sensación de que la vida, pese a todo, es importante. Hay alguien que se preocupa. Tiene un significado. Tiene un sentido, y tú tienes valor a los ojos del Padre. Pero al cabo de un rato se vuelve embarazosa, y te das cuenta de que todo cuanto haces está siendo vigilado por Dios. Él conoce tus pensamientos y sentimientos más íntimos e insignificantes. Al cabo de cierto tiempo dices: "¡deja de espiarme, estoy harto de tí!", de modo que te vuelves ateo, para librarte de ello. Entonces te sientes fatal, porque te has librado de Dios, pero esto significa que también te has librado de ti mismo. No eres sino una máquina, y tu idea de que eres una máquina también es una máquina y nada más. Por eso, si eres un chico inteligente, te suicidas.

Camus dijo que sólo hay una cuestión filosófica importante, que es la de si hay que suicidarse o no. Yo pienso que hay cuatro o cinco preguntas filosóficas importantes. La primera de ellas es: "¿quién lo empezó todo?". La segunda es: "¿lo conseguiremos?". La tercera es: "¿dónde vamos a ponerlo?". La cuarta es: "¿quién va a limpiarlo?". Y la quinta: "¿es importante?". Pero sigamos: "¿debes cometer suicidio o no? ¿Por qué seguir adelante? Sólo sigues adelante si el juego vale la pena.

El universo ha estado en funcionamiento durante un tiempo increíblemente largo, por lo que una teoría satisfactoria del universo tiene que ser tal, que valga la pena apostar por ella. Me parece del más elemental sentido común. Si formulas una teoría del universo por la que no vale la pena apostar, ¿por qué preocuparse? Suicídate. Pero si quieres seguir jugando el juego, tienes que tener una teoría inmejorable. De otra forma, no vale la pena. Quienes acuñaron la teoría superautomática del universo jugaban un juego muy curioso. Lo que querían decir era esto: "Todos los que creéis en la religión sois beatas y timoratos. Tenéis allá arriba un Padrazo, y buscáis consuelo y demás, pero la vida es la vida, y el éxito es de los cabezotas".

Una teoría ésta muy conveniente, cuando el mundo euroamericano se dedicaba a colonizar a los nativos del resto del mundo. "Somos el resultado final de la evolución, huesos duros de roer. Soy un tipo fuerte y alto, porque me enfrento con los hechos. La vida es un montón de basura; voy a imponerle mi voluntad y convertirla en algo diferente. Soy duro de verdad". Es una manera como otra de adularse a sí mismo. De modo que se ha convertido en algo aceptable y elegante defender la idea de que el mundo es así. En los círculos académicos ninguna otra teoría del mundo es respetable, porque si eres un académico, tienes que ser un tipo duro intelectualmente. Tienes que pinchar.

Básicamente sólo hay dos tipos de filosofía. Una se llama *encurtidos* y la otra *natillas*. Los tipos que pertenecen a la primera son precisos, rigurosos, lógicos. Les gusta todo bien cortadito y claro. Los adeptos de la segunda clase lo prefieren todo vago. Por ejemplo, en física, los tipos encurtidos creen que los constituyentes básicos de la materia son partículas; los tipos natillas creen que son ondas. En filosofía, los tipos encurtidos son positivistas, y los natillas son idealistas. Siempre están peleando entre sí. Lo que pasan por alto es que ninguno de ellos puede mantener su posición sin el concurso del otro. No sabrías que defiendes los colores del equipo Encurtidos si no hubiera alguien a favor de los colores de Natillas. No sabrías lo que es un encurtido si no supieras lo que son unas natillas. La vida no es o encurtidos o natillas; es una mezcla entre ambos. Van juntos, como cara y cruz, macho y hembra, y ésta es la solución a la filosofía. Soy un filósofo, y no voy a discutir mucho, porque si no discutes conmigo, no sé qué es lo que pienso. Así que si discutimos, te doy las gracias por tu cortesía al adoptar un punto de vista diferente. Como así entiendo lo que quiero decir, no puedo eliminarte.

Todo esto de que el universo no es más que una fuerza carente de inteligencia, jugando un juego que ni siquiera disfruta, es una teoría derrotista del mundo. Fue creada por unos tipos que sacaban provecho al inventar un juego en el que se lo cargaban todo y luego haciendo ver que porque se habían cargado el mundo, eran superiores. Pues ya no funciona; ya está bien; porque si defiendes de verdad esta idea del mundo, eres lo que se llama técnicamente un alienado. Te sientes enemigo del mundo. Crees que el mundo es una trampa, que es un mecanismo electrónico y neurológico en el que te encuentras atrapado sin saber cómo. Y tú, pobrecillo, tienes que conformarte con estar en un cuerpo que se está desintegrando. Un cuerpo al que el cáncer ataca, que muere y se convierte en polvo. ¡Esto es terrible! Puede que esos mecánicos, esos doctores, estén intentando ayudarte, pero al final no lo conseguirán. Te vas a desmontar: eres un caso perdido; de verdad que es una pena.

Por tanto, si piensas así, podrías suicidarte ahora mismo. Excepto si dices: "pues, bien pensado, no voy a hacerlo; ¿quién sabe si, después de todo, no hay una condena eterna para quien lo haga?" O puedo identificarme con mis hijos, y pienso en ellos quedándose sin mí, sin nadie que los mantenga. Claro que si sigo actuando de esta manera, y continúo manteniéndolos, sólo conseguiré enseñarles a ser como yo. Y ellos seguirán, aguantando para mantener a sus hijos, sin pasarlo bien. No tendrán valor para suicidarse, y tampoco sus hijos. Todos irán aprendiendo la misma lección.

Sólo estoy intentando decir que la idea básica, de sentido común, acerca de la naturaleza del mundo, que está influyendo a la mayoría de la gente en los Estados Unidos hoy en día, el modelo superautomático, es simplemente un mito. Si quieres decir que la idea de Dios Padre, con su barba blanca, en un trono dorado, es un mito, en el mal sentido de la palabra mito, también lo es ésta otra. Es igualmente falsa, y tiene tan pocas garantías de adecuarse a los hechos reales como la primera.

¿Por qué? Bien, aclarémoslo. Si existe algo que se pueda llamar inteligencia, belleza y amor, lo has hallado en otras personas; dicho de diferente forma, existe en nosotros, en cuanto que somos humanos. Como ya he dicho, si está en nosotros, es sintomático del esquema general. Somos tan sintomáticos del plan de las cosas como las manzanas lo son del manzano o la rosa del rosal. La tierra no es una roca enorme, infestada de organismos vivientes; de la misma manera que tu esqueleto no es huesos infestados de células. La tierra es geológica, cierto; pero esta entidad geológica da seres humanos. Nuestra existencia sobre la tierra es un síntoma del sistema solar y sus equilibrios, de la misma manera que, a su vez, el sistema solar es un síntoma de nuestra galaxia. Nuestra galaxia, a su vez, es un síntoma de todo el conjunto de galaxias y dios sabe qué más.

Mira, cuando un científico describe el comportamiento de un organismo vivo, intenta explicar lo que una persona *hace*. Ésta es la única manera que tiene de describir lo que una persona *es*: describir lo que hace. Y resulta que al explicarlo no puedes limitarte a describir lo que sucede dentro de la piel. No puedes hablar de una persona que anda, excepto si empiezas a describir el suelo. Porque cuando ando, no me limito a balancear mis piernas en el vacío. Me muevo en relación con una habitación, por lo que, si quiero describir lo que estoy haciendo al andar, tengo que describir la habitación; tengo que describir el territorio. Al describir mi acto de hablar en este momento, no puedo describirlo simplemente como una cosa en sí misma, porque te estoy hablando a ti. Así que lo que estoy haciendo en este momento no resulta descrito totalmente, si no se describe también el hecho de tu presencia aquí.

Así que si, para describir mi comportamiento, tengo también que describir tu comportamiento y el comportamiento del entorno, esto significa que en realidad tenemos un sistema de comportamiento. Que lo que soy engloba lo que tú eres. No sé quién soy hasta saber quién eres. Y tú no sabes quién eres hasta saber quién soy yo. Un sabio rabino dijo en cierta ocasión: "si yo soy yo porque tú eres tú, y tú eres tú porque yo soy yo, yo no soy yo, y tú no eres tú". En otras palabras, no somos algo independiente. Nos definimos mutuamente; cada uno de nosotros es la cara de la que el otro es la cruz.

Por ejemplo, si apoyas dos bastones el uno contra el otro, se aguantan. Si quitas uno de ellos, también cae el otro. O la marca de la cerveza Ballantine, que es además el símbolo de la Santísima Trinidad: tres anillos entrelazados; si eliminas uno, los otros dos se separan también. Son interdependientes. De exactamente la misma manera, nosotros y nuestro entorno, y cada uno de nosotros, en relación con los demás, somos sistemas interdependientes. Sabemos quiénes somos en términos de los demás; estamos imbricados. Invariablemente, las descripciones científicas serias de la realidad son así, hasta el punto de que todo científico que se precie de serlo, sabe que lo que llamas el mundo *exterior* es tan tú como tu propio cuerpo. Tu piel no te separa del mundo, sino que es un puente por el que el mundo exterior fluye hacia ti, y tú hacia él.

Por ejemplo, es como un remolino en el agua. Podrías decir que tienes una forma determinada por tener una piel; pero observa una corriente de agua. En un momento dado, se forma un remolino; luego continúa. El remolino es una forma determinada, pero el agua no se está inmóvil en él. El remolino es algo que el arroyo hace. De exactamente la misma manera, el universo nos está haciendo a cada uno de nosotros. Te veo hoy, y te reconozco al día siguiente, como reconocería un remolino del arroyo. Podría decir: "oh, sí, he visto antes este remolino; está cerca de tal y tal casa, en la orilla del río, y está siempre allí". De la misma manera, cuando me reúno contigo al día siguiente, te reconozco, eres el mismo remolino de ayer. Pero estás en movimiento. El mundo entero está moviéndose a través de ti, todos los rayos cósmicos, todo el alimento que comes, la procesión de bistecs, y leche, y huevos, y demás, fluyen a través de ti. Cuando te mueves de esta forma, el mundo, el arroyo te mueve. Pero, ya ves, el problema es que no has aprendido a sentirte así.

Los mitos que fundamentan nuestra cultura y que fundamentan nuestro sentido común no nos han enseñado a sentirnos identificados con el universo, sino tan sólo como partes del mismo. Sólo *en* él, sólo *enfrentándonos* a él: forasteros. Y creo que tenemos urgente necesidad de empezar a sentir que *somos* el universo eterno, cada uno de nosotros. Si no es así, nos vamos a volver locos. Vamos a suicidarnos colectivamente por obra y gracia de las bombas de hidrógeno. Perfecto supongamos que lo hacemos: se acabó. La vida seguiría haciendo experimentos en otras galaxias, y ellos quizás encontrarían un juego más interesante.

2. LA RELIGIÓN QUE NO SE PUEDE PREDICAR

A menudo he comentado que me parece un grave error considerar la civilización de los Estados Unidos como una civilización *materialista*, suposición muy frecuente entre europeos y asiáticos. Los americanos, y muy especialmente la faceta de la civilización americana que llamamos *subcultura anglosajona*, son acusados continuamente de no tener más intereses que los materiales.

Por otro lado me parece que, si podemos hacer una generalización de algo tan complicado como la civilización de los Estados Unidos, tendríamos que decir que es una civilización fundamentalmente *antimaterialista*. Quizás no de forma deliberada, pero sí por los efectos generales de su acción. Parece estar casi exclusivamente entregada al aniquilamiento y la destrucción del mundo material, y a su conversión en un montón de basura de dimensiones inimaginables.

Viajo mucho por este país y observo cada vez más a menudo algo que se ha dado en llamar "la proliferación de nuestras zonas residenciales, cada vez mayores": extensiones sobre el paisaje de algo que a veces resulta difícil distinguir de un montón de basura. Uno sale de las calles principales de las ciudades pequeñas y, pasando en coche o en tren, puede ver montones de restos abigarrados de cartón y papel, rematado todo ello por luces de neón y cables cementerios de automóviles; parkings de muchas clases, y basureros de cualquier tipo que pueda uno imaginar. Sí, es cierto que hay algunas bonitas zonas residenciales un poco más adelante, pero en términos generales parece que estamos convirtiendo el mundo en un vertedero. He llamado a este proceso la *Losangelización* de todo el territorio, desde Honolulu a Nantucket.

¿A qué se debe todo esto? ¿Por qué, por lo visto, no somos capaces de adaptarnos al entorno físico sin destruirlo?¿Por qué razón esta cultura es un ejemplo tan excepcional de la ley de la disminución de los beneficios?¿Por qué razón nuestro éxito es un fracaso? Estamos construyendo una civilización tecnológica enorme, que parece prometernos la satisfacción de cualquier deseo, simplemente apretando un botón; y sin embargo, como sucede en tantos cuentos de hadas, cuando dichos deseos se materializan por fin, son como el oro encantado: carecen de solidez. Para decirlo de otro modo, muchos de nuestros productos, nuestros coches, nuestras casas, nuestros alimentos, nuestra ropa, parecen como si fueran puras creaciones mentales, todas ellas carentes de substancia por completo, sin lo que el buen conocedor de vinos llama *cuerpo*.

Después de todo, hemos hecho que el suelo sea increíblemente productivo, pero sus productos son más para los ojos que para el estómago. Gente muy diversa lo ha venido diciendo. No es idea mía, ni mi personal opinión, que nuestras hortalizas, nuestras frutas y por encima de todo ello –el símbolo– nuestro pan, no son sino una bonita imitación, hecha con gomaespuma. Cierto que le han metido toda clase de vitaminas, pero creo que muchos de nosotros preferiríamos que nuestros alimentos fueran comida, en lugar de medicina.

Los bienes que producimos son inconsistentes desde muchos otros puntos de vista y por ello nos sentimos frustrados, terriblemente frustrados. Nos parece que la única solución es acumular más y más, y por eso todo el país empieza a parecer el cuarto de juegos de un niño mimado, que tiene demasiados juguetes. Los aburre y los tira lejos en cuanto los recibe.

Por si fuera poco, hemos entrado en una tremenda guerra contra las dimensiones básicas del tiempo y el espacio; queremos borrar sus límites. Queremos que todo se haga lo más rápidamente posible. Queremos convertir en dinero los ritmos y técnicas del trabajo, dinero con el que ciertamente podemos comprar cosas, pero que no podemos comer. Y luego volvemos a casa apresuradamente, para huir del trabajo y empezar a vivir de veras, a pasarlo bien.

Para la gran mayoría de las familias americanas, aquello hacia lo que se apresuran cuando vuelven a sus hogares, su razón de vivir, no es más que una reproducción electrónica de la vida. No puedes tocarla. No huele, ni tiene sabor. Fuera de esperar que, en una cultura materialista saludable, al volver a sus hogares para empezar a vivir de veras, los individuos se entregarían a un banquete colosal, o a una orgía erótica, o a un frenesí de música y baile. Nada de eso. Resulta ser esa contemplación puramente pasiva de una pantalla ruidosa. Si caminas por los barrios residenciales de noche, sin importar en qué barrio te encuentres, ves milla tras milla de casas con las luces apagadas, con esa pequeña pantalla electrónica brillando en la habitación. Todo el mundo está aislado, mirando a esta cosa, de forma que no están en absoluto en comunión unos con otros. Semejante aislamiento de los individuos dentro de su mundo privado es, en verdad, la creación de una multitud carente de mente.

Hace algún tiempo me pasó por la mente la idea de que una "multitud" puede definirse como un grupo de personas que no están en comunicación unas con otras. La multitud es un grupo de personas que están comunicadas con *un* solo individuo. Siento deciros que vosotros, los que me escucháis en este momento, constituís por tanto una multitud. No estamos realmente en comunicación unos con otros. Claro está que es terriblemente difícil lograr comunicación mutua entre un gran número de personas. No parece ser ésta la esencia de una multitud, ni la de una comunidad que no es una comunidad; no una verdadera sociedad, sino una yuxtaposición de individuos.

Otra cosa que uno observa en este antimaterialismo es su falta de alegría. Prefiero llamarlo su falta de diversión. Hace poco, estaba leyendo un libro llamado *Motivación y personalidad*, de Abraham H. Maslow, que es profesor de psicología en la Universidad de Brandeis. Había reunido una colección muy divertida de citas, procedentes de trece psicólogos americanos representativos y respetados. Todos ellos venían a decir algo así como que tras cualquier forma de actividad, la motivación principal era la *supervivencia de la especie*. En otras palabras: estos hombres consideran que todas las manifestaciones vitales están dominadas por un propósito, y que éste, el valor que las motiva, es la supervivencia.

Maslow comentaba lo anterior diciendo que la psicología americana, como resultado de sus contactos con la cultura, era excesivamente pragmática, puritana, y finalista. Los libros de psicología no tienen capítulos acerca de la diversión y la alegría, o sobre la actividad carente de propósitos, o sobre dar paseos y cosas por el estilo. Dice que quizás están descuidando toda una faceta, acaso la más importante, de la vida. Dicho de otra forma, una de las premisas básicas de esta cultura, es que la *vida* es *trabajo*, y algo serio, cosa que explica su falta de alegría. La vida es real. La vida es seria.

¿Qué damos a entender, cuando decimos: "la vida es seria"? ¿Qué queremos decir cuando establecemos una diferenciación entre trabajo y juego? Trabajo, me parece, es lo que *tenemos* que hacer para seguir viviendo, para sobrevivir. Y se puede llamar juego a todo lo restante. Observemos que, en esta cultura, el juego está justificado y se tolera en cuanto que hace nuestro trabajo más efectivo. Tenemos el refrán: "All work and no play makes Jack a dull boy (Trabajo sin juego hace a Juan aburrido)". Pero "aburrido" significa en realidad mal trabajador. El juego es recreo, algo que haces para refrescarte y volver a enfrentarte con los enormes problemas de la vida. Lo cual está muy bien; pero nos revela que aun el juego es algo necesario: *tienes* que jugar.

Recuerdo que en Inglaterra teníamos en el colegio la institución de los juegos obligatorios. Debido a ello nació en mí un odio intenso hacia la mayoría de los que jugábamos, como cricket, fútbol y otros. Te obligaban a jugar. La idea de que el valor supremo es el de la supervivencia, es algo así. O en otras palabras, la creencia de que nos es absolutamente necesario seguir viviendo es un supuesto vital que mata toda la alegría de vivir. De hecho va contra la vida.

Opino que el proceso biológico que llamamos vida, con su profusión maravillosa de innumerables diseños y formas, es esencialmente lúdico. Quiero decir con ello que no tiene un objetivo serio oculto. Es una forma artística, como la música y la danza. La clave de tales formas artísticas es siempre su desarrollo presente, la elaboración, a través del tiempo, de un diseño inteligible de pasos y movimientos. No quiero decir que su objetivo sea el presente, si piensas en el presente simplemente como una marca en la segundera de tu reloj, el instante inmediato; éste es sólo un presente abstracto.

Por ejemplo, una persona que está escuchando música, al oír una melodía no oye simplemente una secuencia de notas, también oye los espacios entre las notas. Una persona sin oído sólo oye las notas. Lo que oye una persona capaz de oír música es, por tanto, espacios ordenados de una cierta forma. Esto es lo que es dicho presente difuso, que quisiera llamar presente real o físico. Opino que la naturaleza de la vida es exactamente así. Es un juego, y es el fin de sí misma.

Si le dices a cualquier tipo de juego: "d*ebes* tener lugar, *debes* seguir", lo conviertes inmediatamente en trabajo. Inmediatamente lo conviertes en algo que también llamamos coloquialmente "un rollo". ¿Estamos sobreviviendo?¿Es nuestro deber acaso sobrevivir, para que nuestros hijos sigan vivos? Bueno, si así lo creemos, nuestros hijos se contagian del mismo punto de vista, y siguen luchando por el bien de sus hijos, y todo se convierte en un avance falso hacia un futuro que se va alejando de nosotros. Creo que nuestra cultura muestra una carencia básica de alegría por culpa de dicha creencia en la obligatoriedad de la existencia.

Esta actitud se apoya en las dos premisas siguientes: La primera de ellas es la idea de Dios que heredamos de nuestros orígenes europeos, protestantes y, hasta cierto punto, católicos y judaicos. Esta concepción de Dios, que crea el universo para dar cumplimiento a Su plan, es una concepción de Dios extrañamente desprovista de humor o alegría (pese a ciertas alusiones a lo contrario en la Biblia, que no han tenido mucha influencia). Hay un párrafo, en el libro de los Proverbios, en el que la Divina Sabiduría, que es el poder creativo de Dios, aparece *jugando*; pero en la versión del Rey Jacobo se tradujo como *regocijándose*. Regocijarse es algo que uno puede hacer muy educadamente. Puedes regocijarte cantando los himnos más gozosos, pero no es exactamente lo mismo que decir juguetón, alegría, o divertido.

Podemos considerar nuestras iglesias como símbolos de nuestra actitud hacia Dios. Debemos admitir el hecho de que en su inmensa mayoría, especialmente en el caso de las iglesias protestantes de ciudades secundarias de los Estados Unidos, son triunfos soberanos de repostería arquitectónica. No tienen ni un sólo detalle bello. Con sus espantosos ventanales, provistos de cristales salpicados de un indescriptible amarillo marronáceo. Con sus bancos, púlpitos y altares de madera barnizada, y sus colgaduras de terciopelo, casi siempre rojo oscuro, sobre las paredes de un verde incalificable. He visto muchos edificios de naturaleza religiosa, últimamente, sólo para asombrarme de la capacidad de fealdad religiosa que suponen. Reflejan, claro está, la idea de Dios como serio y solemne Padre del Universo, creador del mundo con fines propios, que se supone debemos respetar, adoptando hacia ellos la misma actitud que los soldados que saludan la bandera, algo así como una ceremonia religiosa interminable. Vista la mayoría de nuestras iglesias, aunque claro está, hay excepciones, más vale no prometérnoslas muy felices respecto de cómo hemos de pasar la eternidad.

Por desgracia, ésta es la idea de Dios que está en el trasfondo de nuestras mentes. Es una actitud mental que persiste, incluso en personas que de hecho ya no creen en este tipo de Dios, pero para las que Dios sigue siendo el símbolo de un cierto idealismo moral, un poco como el Tío Sam es un símbolo para los ciudadanos de los Estados Unidos.

Pero ésta es sólo una de las razones de nuestra actitud; la otra es nuestra concepción del hombre. De ésta podemos decir cosas muy semejantes, pues procede de las mismas raíces que nuestra concepción de Dios. Es la concepción que Lance White ha llamado la *disociación europea*. Es la concepción del hombre como desafortunada amalgama de mente y cuerpo, espíritu y materia, ego y no ego, sujetocognoscente y objetoconocido. Esta idea del hombre tiene consecuencias muy graves. Ya he mencionado muchas de ellas, pero cada vez me parece más importante, el hecho de que sea una idea del hombre *noparticipativa*. Con esto quiero decir que nos lleva a considerarnos como observadores de la vida, tanto de la vida que está dentro de nuestros cuerpos como la que está en el mundo exterior. Somos observadores. Nosotros somos los sujetos, y todo lo demás, objeto. O lo que es lo mismo, está ante nosotros y nosotros miramos *hacia* ello.

Esto queda simbolizado en nuestra forma de vida, en tanto que su fin y objetivo parecen reducirse a estar ante la pantalla de la televisión. Mirar la televisión es contemplación noparcitipativa de algo que ha sido despojado de su realidad material y física, privado de sus propiedades táctiles, olor, sabor y demás. Esperamos mucho de esta contemplación, se refiera a la televisión, o a la existencia mundana, pero no estamos implicados, ¿sabéis?, no creemos *ser* nuestros cuerpos. Decimos "tengo un cuerpo" o "tengo instintos", nunca decimos "soy un cuerpo" o "somos instintos". Los cuerpos que nos permitimos son un poco falsos. Son superficies elegantes; el cuerpo ideal es como Marilyn Monroe. Una superficie elegante que no se supone capaz de segregar sudor ni lágrimas, ni de oler a nada; sus interioridades son de mal gusto, y uno debe prestarles atención de una manera un tanto desinteresada, pasando toda una vida con el mínimo posible de conciencia del propio cuerpo.

Y como tenemos una concepción de nosotros mismos extrañada de nuestro organismo físico, toda nuestra vida nos resulta extraña. Es, como antes dije, no participativa, cosa que se hace muy patente al observar la actitud actual de esta subcultura hacia la sexualidad, porque en ella consideramos que el sexo es un instinto *necesario*. Pero por otra parte, el sexo es, en esta cultura, como sabemos muy bien, lo más importante. La chica sexualmente atractiva se utiliza para captar la mirada y anunciar cualquier cosa, por muy alejada que se halle del proceso sexual. Anuncia cerveza. Anuncia automóviles. Anuncia constructores, panaderías, cualquier cosa, porque capta la mirada. Observa esto: *la mirada*. Todo está hecho para los ojos, para ese sentido que se queda en la superficie de las cosas, de forma que nuestra actitud hacia la sexualidad es una actitud superficial y, vuelvo a decirlo, una actitud básicamente no participativa. Es una actitud que ha cambiado un poco en los últimos años. Podemos hablar con gran libertad de asuntos sexuales. No tenemos la gazmoñería de algunos de nuestros antepasados, pero sigue siendo algo parecido, aunque sea un juego muy divertido y podamos hablar de ello en término psicoanalíticos. Podemos admitir que el deseo sexual es algo muy necesario, y que hay que reservarle una válvula de escape, pero estamos en lo mismo: se ha convertido en un deber.

Por ejemplo, miremos el *Informe Kinsey*. Fue una tarea muy notable, pero consiste básicamente en un catálogo de válvulas de escape sexuales, como si lo único importante fuera el orgasmo, como si tuviéramos que tener esta espita para reducir tensiones. En otras palabras, para librarnos de la necesidad. Pero observad que al hablar de un instinto como el sexo, o el hambre, lo hemos separado de nosotros mismos, lo representamos como un instinto del cuerpo, que arrastra a la mente. Así que la mente es atraída hacia ello. Se admite que, por desgracia, es inevitable ser movido por él. Por ejemplo, cuando enseñamos a nuestros hijos acerca de los pájaros, las abejas y las flores, decimos que la naturaleza, o Dios, nos ha dado el instinto sexual, para que la reproducción de la especie se convierta en algo agradable, suponiendo así que si no fuera agradable, no lo haríamos. La suposición siguiente es que la vida misma es algo bastante aburrido, que se nos hace soportable gracias a premios y castigos, las seducciones del sexo, o las penas del dolor resultante de la enfermedad y de no vivir una vida sana.

Tales castigos y premios son considerados como algo exterior. Son cosas que nos *arrastran*; tanto es así que creemos que este deseo sexual, o este deseo de comer, o cualquier otro de los llamados *instintos*, son considerados algo ajeno y animal, que ejerce sobre nosotros una fuerza compulsiva. Y *nosotros*, aquí, somos lo amputado, un ego insignificante y aislado dentro del cuerpo, que es arrastrado por tales fuerzas. Así que, naturalmente, satisfacemos estos instintos sin mucho entusiasmo.

Decimos "el sexo es necesario", insinuando –supongo yo– que de no ser así, no tendría que suceder, lo que está relacionado con nuestra psicología del juego. El juego sólo es justificable en cuanto que es algo necesario. Y sólo es necesario en tanto que es algo que favorece el trabajo. Muy bien: la misma actitud, en relación con la sexualidad, sólo es justificable en tanto que es algo necesario, sea para reproducir la especie, o cualquier otro ideal recién descubierto, como el de dar el último toque a una personalidad completa.

Parece que nadie tiene la valentía de admitir que es algo intrínsecamente bueno y que los deseos básicos biológicos no son movimientos mecánicos, sino nuestra voluntad más íntima: ¿por qué será que no nos queremos hacer a la idea? Si nos lo confesásemos a nosotros mismos y admitiéramos sinceramente que somos organismos, quizás también nos reconciliaríamos unos con otros. Y vuelvo a llamar la atención sobre lo mal que nos llevamos unos con otros; cómo, en este mundo televisivo, todo el mundo se queda en casa. Si sales a la calle al anochecer, la policía te para y se piensan que estás loco, sobre todo si no vas a ningún sitio. Si tan sólo quieres pasear, eso es supersospechoso. Todo el mundo debe tener un destino; debe ir hacia algún lugar. Tan sólo nos reunimos para hacer exhibición pública de la liberación de nuestras hostilidades, por ejemplo en el fútbol y otros concursos, e incluso en los espectáculos que uno contempla en la televisión. Es perfectamente correcto exhibir a la gente dándose puñetazos y haciéndose pedazos mutuamente, pero ¡no, por favor!, nadie amándose, como no sea de forma bastante reprimida.

Uno tan sólo puede suponer que las expresiones de amor físico son mucho más peligrosas que las expresiones de odio físico. Y me parece que una cultura que tiene tales supuestos está básicamente loca, y de manera inintencionada, claro está, no pretende la supervivencia, sino la destrucción de la vida misma.

3. SOBRE LA SENSACIÓN DE SER DIOS

Últimamente he estado haciendo ciertas indagaciones para descubrir cuál es la cosa más prohibida en nuestra sociedad. Desde luego que ya no es el sexo, porque todos los asuntos sexuales han salido a la luz. Pero creo que me he topado con algo que realmente constituye un tabú muy grave, algo que nuestra sociedad no tolera. Algo hacia lo que siente un gran temor, pues podría estropear la fiesta del todo.

Quiero hablaros de ello, porque a menudo llega a ser una situación objeto de atención clínica, y creo que las diferentes experiencias e ideas que se han desarrollado en las culturas asiáticas, pueden servir para ayudarnos a entender este caso particular. Me refiero a la convicción, que florece en algunos individuos, de que son, de una u otra forma, Dios. Pero ya podéis comprender que esto es, simplemente, inadmisible.

Tenemos toda clase de palabras negativas para diagnosticar este estado mental. Si se trata de una simple experiencia poco intensa de ser Dios, como la llamada "sensación oceánica", la llamamos una *regresión*, lo que no es precisamente una palabra bonita. No obstante, si el individuo llega hasta arrogarse identidad con el tipo de Dios que florece en el cristianismo, el judaísmo y el islam, o sea, el controlador onmisciente y omnipotente del universo, lo llamamos *megalomanía* y otras cosas realmente feas. Nos burlamos de tales personas y pensamos que, o bien son gravemente blasfemos, como pensaron los judíos de Jesucristo, o completamente locos. En nuestra cultura contemporánea les concedemos el beneficio de la duda y los hacemos desaparecer sin ruido.

Sin embargo, creo que no hemos investigado bastante las implicaciones físicas, neurológicas y demás de este tipo de experiencia. En las culturas asiáticas se ha dedicado a este tema mucho más estudio que hasta ahora en las occidentales, aunque estamos empezando a pensar en ello muy seriamente por varias razones. ¿Qué trasformaciones internas sufre alguien que tiene (o si prefieres decirlo así, se ve afectado por) esta forma de alucinación?

En primer lugar, decir "soy Dios" significa cosas muy diferentes en la cultura occidental y, por ejemplo, en la cultura de la India, porque la palabra *Dios* tiene sentidos diferentes en las dos culturas. En la cultura occidental, la imagen popular de Dios, que desde luego es la única que realmente cuenta, es la de un técnico enciclopédico, que controla personal y conscientemente cuanto sucede en todo el cosmos. Tienes que leer la *Summa Contra Gentiles* de santo Tomás de Aquino, para llegar al meollo de esta cuestión. Allí está perfectamente claro. Es un ejercicio intelectual fantástico y sales de ahí como intoxicado por la idea de lo que Dios pueda ser.

Por lo que cualquiera que, en nuestra cultura, pretende ser Dios, está declarándose técnicamente omnipotente. Por eso nos burlamos de tales individuos, o les desafiamos haciéndoles preguntas de índole técnica. ¿Cómo hiciste el mundo en seis días?¿Puedes transformar un conejo en una montaña?¿Puedes hacer una piedra tan pesada que te sea imposible levantarla? y otras preguntas igualmente interesantes, que me recuerdan a aquella mujer internada por el mismo motivo y que contestaba a estas preguntas: "nunca hablo del trabajo".

Por lo contrario, si anunciaras de repente que eres Dios en la India, todo el mundo te diría, "Claro. ¡Por fin te has dado cuenta! Has visto a través de *maya*, la ilusión de la materia, que en la vida corriente te hace creer que eres una persona independiente y sola, arrojada a este mundo hostil. Pero ahora te acabas de dar cuenta de que ésto era sólo una broma que te hacías a ti mismo. Como si pudieras soñar el sueño que quisieras y cuando quisieras. Imagina los problemas en los que te meterías cuando hubieras ya agotado todas las posibilidades ordinarias de satisfacción de los deseos. Seguirías buscando aventuras. Creo que si observaras con atención todo cuanto harías si fueras Dios, te darías cuenta de que, al final de todas tus aventuras, es probable que acabaras sentado donde estás ahora.

Sea como sea, la idea hinduísta y, en general, asiática, no islámica, de Dios, no es la de dicho ser omnicompetente, sino algo muy distinto, a juzgar por las imágenes hindúes de la deidad, a menudo representada con muchos brazos. Por cierto, hay una imagen budista, que ví hace poco en Japón, de la llamada Diosa de la Merced, *Kannon*, que tiene mil brazos. Te podrías preguntar cómo alguien puede arreglárselas para hacer funcionar un millar de brazos, pues ya es bastante difícil controlar un par. Se necesita ensayar mucho para tocar el órgano utilizando ambas manos y ambos pies con ritmos diferentes.¿Qué sería con mil?

La respuesta es, naturalmente, que *Kannon* y *Shiva*, y toda esta gente que poseen muchos brazos, los usan de manera similar a como un ciempiés mueve sus pies. Como tú utilizas tus glándulas, el latido de tu corazón, tu respiración y todos esos procesos internos a los que no dedicas ni la más mínima atención. Los pies de un ciempiés se mueven solos, y no tiene que pensar en ellos y probablemente, si lo hiciera, se haría un lío. Los hindúes consideran exactamente así a sus deidades, dirigiendo el universo con la tremenda competencia de no tener que pensar en ello. Pueden pasarlo bien, por no tener que atender a todos los detalles, porque se ocupan de sí mismos con omnipotencia automática. Por tanto, si a un hindú que ha tenido la sensación de ser uno con Dios, le haces todas estas preguntas técnicas, dice: "naturalmente sé cómo hacerlo, pero es imposible explicarlo en tu torpe idioma".

Porque, ¿sabes?, hay muchas cosas que suceden al mismo tiempo. Las operaciones simultáneas de un organismo complejo, en nuestros lenguajes científicos, únicamente pueden ser expresadas de una manera lineal. O sea, tenemos que expresar nuestra visión científica de los procesos mundiales mediante siglas verbales o matemáticas que se ordenan en líneas y tienen que ser descifradas una a una. Esto es demasiado lento para regir el universo, lo que exigiría una forma completamente diferente de pensamiento.

Así que tenemos dos tipos básicos de esta experiencia. Hay muchas variantes, pero voy a tomar en consideración sólo dos tipos básicos. El que suele ser característico de las culturas orientales, con su Dios impersonal, o suprapersonal, como una especie de ciempiés cósmico; y el de quienes, educados en las culturas judía, cristiana o islámica, con su Dios personal, omnisciente, omnipotente, tienen la experiencia de ser eso.

Está claro que el primero es mucho más fácilmente aceptable para la sociedad que el segundo, porque cuando un hindú se cree Dios, no se siente inclinado a asegurar que *únicamente él* lo es. Va a conceder este privilegio a todo el mundo también. Pero a los occidentales que ocasionalmente les sucede una cosa así, si no se hallan en el seno moderador de la iglesia católica, los cuáqueros o alguna otra organización que se tome la experiencia mística de forma bastante seria, pueden sentir la tentación de creer que ellos, en particular y como individuos, son de alguna manera divinos, o se han convertido en Jesucristo. O sea, que tienen una divinidad única, no compartida por los demás.

Creo que un *estado alucinatorio* depende en gran medida del entorno, y quiero analizar lo que sería esta experiencia desde un punto de vista totalmente ajeno a la religión. Entonces veremos por qué personas pertenecientes a culturas diferentes, le darían interpretaciones diferentes.

¿No es acaso un hecho fisiológico que el ser humano no tiene ninguna experiencia directa, salvo la de su organismo? Es decir, todas las percepciones, recibidas a través de los canales perceptivos exteriores o interiores, se experimentan en términos de estados del sistema nervioso. Por lo general no nos damos mucha cuenta de ello. Es un hecho que se reprime, porque cuando miramos hacia nuestro campo visual, asumimos que está *afuera*; todo cuanto vemos está más allá de la piel que nos cubre la cara. Por eso no nos damos cuenta del hecho de que es más exacto considerar que el campo visual es una sensación del sistema nervioso óptico y que está *dentro* de nuestras cabezas. Traducimos los cuantos de luz en estados de nuestras neuronas y, más que estos cuantos, conocemos los estados de nuestras neuronas. Pero este hecho, que normalmente se relega y se elimina de la mente, bajo condiciones determinadas podría muy bien hacerse consciente y convertirse en una experiencia palpable para el individuo. De esta forma creería lo que en sentido neurológico es literalmente verdadero: que sus movimientos, estados, la apariencia de los demás y de las cosas, son formas de sí mismo, por lo que podría decir con fundamento: "yo soy también todo este mundo".

De la misma manera en que diferenciamos entre los mundos exterior e interior, desde el punto de vista físico también establecemos la diferencia entre experiencias que llevan la señal de voluntarias y las que llevan la señal de involuntarias. De la misma forma establecemos la diferencia entre los sucesos presentes por un lado y los recuerdos por otro. A veces me parece que se nos cruzan los cables y una experiencia de presente nos llega con una señal de recuerdo, y entonces tenemos una de esas experiencias que se expresan como "eso ya me ha sucedido antes" *(déjà vu)*. De modo parecido pueden cruzarse los cables que distinguen los actos voluntarios de los involuntarios, con lo que tendríamos señales voluntarias acompañando a experiencias corrientemente clasificadas como involuntarias. Entonces tendríamos la sensación de estar haciendo todo aquello de lo que nos damos cuenta. Te parecería, no sólo que *eres* todo cuanto está a tu alrededor, sino que además lo *controlas*. Incluso en circunstancias normales, cuando algo sucede contra tu voluntad, puedes sentir que *quieres* que no sea así. O deseas que suceda algo, que corrientemente sería contrario a tu voluntad. De alguna manera cooperas con lo que sucede, te guste o no.

Quisiera añadir que este estado mental se caracteriza siempre por algo que yo llamaría mentalidad *correlativa*. La mentalidad correlativa no es muy característica de la cultura occidental, pero sí de la china. La antiquísima obra filosófica llamada *Tao Te-king* tiene estas palabras, en el capítulo segundo: "Cuando todo el mundo llama bella a la belleza, ya existe la fealdad. Cuando todo el mundo llama buena a la bondad, ya existe el mal. Porque ser y no ser no existen por separado. Lo fácil y lo difícil se distinguen por comparación. Lo corto y lo largo se contrastan mutuamente. Lo alto y lo bajo son mutuamente positivos..."

Los chinos, en su antigua cultura, no piensan exactamente como nosotros. O sea, que nosotros dividimos el continuo de nuestra experiencia en unidades, a las que llamamos cosas y sucesos independientes. Hecho lo cual, olvidamos que lo hemos hecho nosotros mismos y creemos que la vida nos ofrece las cosas y los sucesos dados. Y a continuación nos sentimos intrigados por la manera en que se influyen uno a otro. Hemos inventado un fantasma, llamado *ley de causa y efecto*, en virtud del cual causas pasadas, sucesos pasados, influyen de manera misteriosa en los sucesos presentes. Uno de ellos es llamado la *causa* y el otro es llamado el *efecto*. Los chinos no hacen esto, porque son conscientes de que la distinción o el parcelamiento del mundo en cosas y sucesos independientes es un truco intelectual muy semejante al de dividir la superficie del mundo en cuadrados o rectángulos de latitud y longitud.

Las cosas y los sucesos van juntos. Se hallan inseparablemente interconectados. Así que donde nosotros diríamos causa y efecto, ellos lo consideran como dos (o tantos como quieras) aspectos del mismo suceso. Y de la misma manera consideran evidente que todo cuanto nosotros llamamos opuestos, como luz y oscuridad, placer y dolor, alto y bajo, cara y cruz, son polos que van juntos: la causa va con el efecto, arriba con abajo, dentro con fuera, subjetivo, con objetivo. Es obvio que no puedes tener un dentro sin tener un fuera, excepto en ciertas formas extrañas de geometría; no puedes tener un arriba sin un abajo, y no puedes tener luz sin tener oscuridad. De hecho, lo que llamamos un rayo o un impulso de luz es una vibración que consiste en una alternancia increíblemente rápida de luz-oscuridad, de la misma manera que un sonido es una alternancia de sonido-silencio.

Corrientemente, en especial en occidente, no pensamos correlativamente. Estamos metidos en una lucha sin cuartel para conseguir que los buenos venzan a los malos en todas las dimensiones imaginables. Queremos que la vida venza a la muerte, que el placer venza al dolor, y en general, que la faceta positiva *conquiste* (por no decir elimine) a la faceta negativa. Para un chino, tal cosa sería ridícula, porque una vez te has librado del allí, ¿dónde está el aquí? Líbrate del arriba y ¿dónde estará entonces el abajo? Líbrate de lo malo y ¿qué será bueno entonces? Nadie lo sabe. Son cosas que se necesitan la una a la otra. Vida y muerte, existencia e inexistencia existen simultáneamente, igual que la cara y la cruz de una moneda.

Si, por casualidad, el sistema neurológico de uno comenzase a funcionar de acuerdo con semejante óptica, comenzarías a ver con toda claridad que todo cuanto defines como *tú mismo* va junto con todo cuanto se experimenta como *otro*, como la cara y la cruz. Si no puedes experimentar la otredad, no puedes experimentarte a ti mismo. De esta forma descubres que entre estas dos cosas hay una misteriosa conspiración; son diferentes, pero siempre están juntas. Algo así como Tweedledum y Tweedledee*, que no podían pelearse sin acordarlo antes.

---

* Personajes de Detrás del espejo, de Lewis Carroll (*n. del T.*)

Así que cuando comienzas a darte cuenta de esta polaridad, igual que un imán es una barra entre polos opuestos; cuando te das cuenta de la polaridad de los dentros y fueras, entonces te comienza a parecer evidente que tu organismo no es algo separado del entorno con el que se topa, que se enfrenta con él, como dos tigres que se pusieran a gruñirse uno al otro, sino que eso que es la vida se polariza como entorno y organismo, sujeto y objeto, conocedor y conocido, y en realidad es una sola cosa jugando a desdoblarse.

Esto refuerza la sensación de que todo está junto; de que involuntario y voluntario no son sino polos de una y la misma situación. Por lo que si, por alguna razón, debido a ciertos cambios de la química cerebral –pues sabemos que, si se aportan determinadas substancias, se crea este tipo de sensación– si por alguna razón, decíamos, esto le sucediera a alguien sin querer, como caído del cielo (o quizás queriendo, si tomara ciertas substancias, o hiciera ciertos ejercicios psicofísicos para provocar este tipo de sensación), la manera en que lo interpretaría depende en gran medida de su educación.

En primer lugar, si dicha persona es emocionalmente inestable y ha sido educada además en el sector de los Estados Unidos que está bajo la influencia de la Biblia (y es ésta la única terminología religiosa que conoce) corre el peligro de llegar a ciertas conclusiones totalmente inaceptables para su sociedad. Puede decir: "soy Dios" o "he tenido una revelación directa de Dios" y seguir afirmando cosas por el estilo. En cambio si es oriental, como tanto en la cultura india como en la china, una visión del mundo de tal índole es aceptable (aunque usando un vocabulario bastante diferente), entonces esta persona será considerada completamente normal o incluso superior a lo normal. No se expone al mismo tipo de conflicto con su sociedad que la persona perteneciente a nuestra cultura. No va a asustársele, ni van a burlarse de él, ni a atacarle; todo es muy normal. Su Dios no tiene pretensiones extravagantes de omnisciencia ni omnipotencia.

Bien, ahondemos un poco más en esto, porque sin duda tenemos que decidir, ¿no?, especialmente en vuestra profesión, si este estado es realmente *alucinatorio*. Decidir si es algo a lo que es preciso oponerse enérgicamente, al encontrarlo en un paciente, y evitar del todo el tema religioso, o si (por el contrario) existen medios para ayudar a que se aclaren los individuos que se encuentran en esta situación.

Existe la tendencia, que he descubierto en muchos círculos psiquiátricos y psicológicos, de descartar como *alucinatorios* todos estos estados, lo que se debe a las creencias metafísicas irreflexivas que prevalecen en estas profesiones. Los sistemas metafísicos inconscientes de la mayoría de psiquiatras corresponden a la filosofía de la ciencia dominante en el siglo diecinueve. Quiero decir que es una especie de materialismo conductista que asume una óptica darwiniana bastante ingenua: que el hombre es un producto casual de la evolución del mundo animal, que a su vez se remonta al mundo geológico, así que lo más no es sino una forma compleja de lo menos. Cualquier idea de la existencia de valores espirituales y demás se reducirá finalmente a ciertos procesos biológicos un tanto groseros.

Esto estuvo de moda en relación con la mitología. Era, en cierto momento de la historia de nuestra cultura, una forma de decir: "mira, soy un tipo duro. No me trago las patrañas con que se consuelan todas esas viejecitas que van a la iglesia. Creo que la vida es brutal y que tan sólo el hombre no es estúpido. Resulta que el hombre es una forma algo especial de estupidez, pero no obstante, si quieres que los valores humanos prevalezcan, la naturaleza no tiene con ellos nada en común, y hay que *luchar* contra ella para salvar dichos valores". Así que somos unos tipos duros de verdad, que no nos tragamos ninguna de estas tontas ideas. Normalmente, cualquiera que tenga una manifestación importante de religiosidad y se vea metido en un centro mental, tendrá problemas.

Deberíamos pensar sobre estas cosas desde otro punto de vista, o sea: ¿será cierto que alguien que ha experimentado semejante cambio en su sentimiento de identidad personal, ha entrado en un estado *alucinatorio*?¿No podría también defenderse la posición de que nuestro sentido común y ordinario de identidad personal es un estado alucinatorio? Parece que la mayoría de la gente experimenta su propia existencia, y más concretamente su ego, como un centro consciente solitario y separado, confinado en un saco de piel, desde el que observan un mundo extraño, con el que deben establecer vínculos amistosos, o al que, por lo menos, deben adaptarse.

"Yo, forastero, tengo miedo, en un mundo que no he hecho": he aquí cómo siente la mayoría. Y ya sabéis que este sentimiento de identidad personal no tiene ningún punto en común con los hechos científicos. Todos los estudios biológicos, fisiológicos y zoológicos del hombre demuestran que, como cualquier otro organismo, no es sólo un organismo. Es un campo consistente en organismo/entorno, porque no puedes describir el comportamiento del organismo sin describir al mismo tiempo el comportamiento del entorno. Y al hacerlo así, te vas dando cuenta de que los sujetos de las descripciones cambian. En vez de tratarse de únicamente un organismo, es algo que tienes que denominar torpemente organismo/entorno, o campo unitario de comportamiento. Esto está muy claro. No se trata de un determinismo medioambiental o de que el medio vaya empujando al organismo, ni de que haya una especie de voluntad libre rudimentaria y que el organismo logre a menudo influir en el entorno. La verdad es que ambos se mueven al unísono de la misma manera que, cuando una serpiente se mueve, el lado izquierdo se mueve al mismo tiempo que el derecho. Esto es obvio y perfectamente claro, atendiendo a todas las ciencias descriptivas del comportamiento humano o cualquier otro tipo de comportamiento vivo. Asimismo es cierto en la teoría cuántica y en los campos eléctricos, que son disciplinas científicas totalmente diferentes.

Por esto es posible que una persona que de repente se dé cuenta de que forma un todo con el entorno, de que ambos comportamientos tienen lugar al unísono, tenga una visión más cabal, una sensación más correcta de la realidad, que la persona que insiste en que el entorno, el resto del universo físico, es algo totalmente ajeno a ella.

De hecho, me atrevería a afirmar que la persona que los experimenta a ambos como formando un todo, está más sana que nosotros, porque tiene la capacidad de entender algo que la raza humana *tiene* que asumir y por cierto que urgentemente. La raza humana tiene que dejar de *conquistar* la naturaleza. O lo que es lo mismo, abandonar su actitud hostil ante el medio ambiente, porque si seguimos adelante con una tecnología basada en la hostilidad, vamos a cargarnos el planeta.

Dicho de otra forma, estamos obstaculizando los procesos naturales, como si no reconociéramos la interconexión del entorno con cada uno de sus miembros y con nuestros mismos cuerpos físicos. El medio ambiente es tu propio cuerpo, expandido. Naturalmente, si no reconocemos esto, llegamos a la situación en que se rocía todo con cualquier clase de producto químico, con una visión miope de sus efectos y sin pensar nunca a largo plazo. Esto tiene efectos impredecibles e inesperados de mil maneras, porque el universo no está hecho de muchas cosas independientes, no puedes influir en un rincón, sin influir en el resto. Todo está junto y es de una pieza.

Parece ser que este problema de la identidad es de gran importancia psiquiátrica desde dos puntos de vista. Uno, al tratar con pacientes que, por una u otra razón, han tenido este tipo de experiencia, se sienten confusos y, debido a ella, están comportándose de forma socialmente inaceptable. En segundo lugar, es de una gran relevancia psiquiátrica como forma de terapia social. Cuando nos limitamos a reforzar el ego de un individuo trastornado, nos comportamos de forma bastante miope. Un ego reforzado va a ayudarle hasta cierto punto, pero a partir de allí, le hará tan loco como los demás. Es vitalmente necesario superar este punto y hacer que los individuos lleguen a sentir que su existencia no es extraña al medio, sino parte del mismo que es su hogar, para que podamos entender que el mundo hace seres humanos de la misma forma que un manzano hace manzanas. Si las manzanas son sintomáticas del manzano, también los seres humanos son sintomáticos de la naturaleza del este universo físico. Si el manzano *manzanea*, el mundo *personaliza*. Es un mundo que hace gente, además de muchas otras cosas interesantes. Pero, ya véis, hemos sido educados en esta cultura para creer de sentido común que, fuera de la piel humana, el mundo es manifiestamente estúpido. Que es una interacción de "fuerzas ciegas" que se han disfrazado. Nótense los términos: *ciegas, brutas*. A la gente le encanta hablar de la brutalidad de los hechos o de las fuerzas. Como se ve, es el estilo "tipo duro", porque lo que esta persona está diciendo, en realidad, no es una afirmación filosófica, sino "soy un tipo duro. Es mi papel". Por otra parte, si logramos que las personas superen esta sensación insular de su propia existencia, para experimentar de veras la solidaridad, el hecho de ser partícipe de todo cuanto sucede, habremos dado un gran paso adelante en el camino de crear una motivación emocional para cuanto hay que hacer urgentemente. Si no lo hacemos, pues bien, a la raza humana no le queda mucha cuerda.

4. SOBRE LAS DROGAS

No hay tema más controvertido hoy, dentro de los concernientes a los asuntos internos del país, que el de las drogas. La palabra *drogas* plantea un problema semántico muy curioso. Existe un lugar llamado "drugstore", que es perfectamente inofensivo y que se ha convertido en parte integrante de la vida social de los Estados Unidos. Y al mismo tiempo, existe la palabra *droga*, como cuando se dice que alguien está "drogado", que significa que está contento, pero no sirve para nada, bajo la influencia de un fuerte sedante medicinal. También tenemos otra palabra, que –supongo yo– también tendría que ser *drogado*, si se usa en este sentido, que es *borracho*: porque alguien que se halle afectado, siquiera de una manera simpática, por el alcohol, está tan drogado como el que está bajo la influencia de la morfina. Se vuelve insensible y vagamente soñoliento.

Tendría que explicar cómo llegué a interesarme por un problema que se ha convertido en algo tan controvertido: la influencia de las substancias químicas sobre la mente humana. Durante muchos, muchos años, más de treinta, he estado interesado por la psicología de la religión –podría considerarme discípulo de William James. El fue realmente el primer psicólogo importante de la religión que intentó dilucidar qué es lo que sucede cuando tenemos una experiencia religiosa. Finalmente se concentró de manera bastante especializada en un tipo determinado de experiencia religiosa. Existen experiencias de visiones, en las que la gente tiene revelaciones, ve a Jesucristo, a la Virgen María, a Krishna, a Buda o a quien sea.

Son éstas, de cierta manera, experiencias menos interesantes que aquéllas en que un individuo experimenta un cambio repentino de su sensación de estar vivo. Estas experiencias ocurren a veces de forma totalmente espontánea a niños, adolescentes, o cualquier otra persona, en cualquier momento a lo largo de su vida. A veces ocurren como resultado aparente de la puesta en práctica de una disciplina, como por ejemplo yoga, meditación zen o una técnica de oración contemplativa católica, pero a veces ocurren como resultado de la ingestión de determinada substancia.

La experiencia de este tipo más interesante de todas, se da cuando el individuo es llevado a tomar conciencia de algo que tendremos que describir desde varios puntos de vista diferentes. La experiencia en sí es muy simple. Lo único complicado es cuando intentamos describirla con palabras. La experiencia en sí, en su más extrema simplicidad, fué en cierta ocasión descrita por alquien que tomó óxido nitroso y tuvo la experiencia de una clarividencia total, concerniente a todos los problemas de la vida. Cuando salió de dicho estado, tenía el lápiz preparado, encima de una hoja de papel, con el propósito de describir el meollo de la cuestión. Y lo escribió, ciertamente, pero al volver al estado de conciencia normal y leer lo que había escrito, vio que todo, en este universo, consiste en olor de almendras quemadas, lo que hizo reír a carcajadas a la comunidad académica. Dijeron que estaba claro que todo eso era de una gran frivolidad.

Pero, si lo pensamos mejor, todo, en el universo, *consiste* en olor a almendras quemadas. O sea, tomemos cualquier experiencia particular, como puede ser el olor de almendras quemadas, o mirar a los ojos de la persona amada, o comer un pedazo de carne, volar en un aeroplano, tenderse en una playa bajo el sol, *cualquier* experiencia: de cierta manera, esta experiencia implica todo el resto del universo. La palabra "implica" es probablemente mejor que la palabra "es". Existen determinados estados de conciencia en los que se experimenta todo como interconectado. Todo existe al unísono con todo el resto.

Conocí a una mujer que tuvo un accidente en un ascensor. No había tomado drogas, pero en dicho accidente, una de sus piernas resultó atrapada en el mecanismo, y así pasó media hora, antes de que corrieran en su ayuda. Lo estaba pasando muy mal. Pero sabía que lo único que tenía que hacer era esperar, no podía hacer otra cosa, por lo que aceptó totalmente la situación. Me dijo que en aquel momento se dio cuenta, para decirlo con sus mismas palabras, de que " en todo el universo no hay ni una sola mota de polvo fuera de sitio". Dicho de otra forma, esta situación especial, dolorosa, indeseada, fue de algún modo hecha aceptable y adecuada, porque formaba parte de un todo armonioso que incluía todos los sucesos, presentes y posibles.

Este tipo de experiencias, las aceptes o no, te parezcan o no racionales, suceden espontáneamente, gracias a la práctica de una disciplina, o como consecuencia de agentes químicos, a miles de individuos. Es una de las fuerzas generadoras de lo que llamamos las grandes religiones del mundo. Es obvio que Jesucristo tuvo una experiencia de esta clase, que le produjo la creencia de que él, como organismo vivo, era una expresión de lo que denominó, en un idioma a su alcance, Dios Padre. "Yo y el Padre somos uno, quien me ha visto a mí, ha visto al Padre". Ésta era una afirmación absolutamente inaceptable para sus coetáneos, por lo que fue crucificado.

Estamos, espero, en una época más tolerante. Tenemos, creo, una gran necesidad de experimentar la relación del individuo con el mundo físico, de una forma más positiva, más constructiva, más amigable, más íntima, que la que se expresa en una tecnología hostil, dedicada al dominio y la *conquista* de la naturaleza; una naturaleza considerada como algo ajeno al espíritu humano, mecánica, carente de mente y estúpida; que nos rodea, como la mera energía sin rasgos que se oculta tras las galaxias.

Si realmente fuera posible para muchos de nosotros tener la sensación de que no sólo pertenecemos a este mundo, sino de que *somos* eso; si pudiéramos sentir que nuestra individualidad es una expresión pasajera de lo que está sucediendo a lo largo de todos los ciclos temporales y las generaciones cósmicas, podríamos atemperarnos un poco y dejar de ir tras nuestra supervivencia de modo tan frenético. Podría ser algo muy bueno. Me he sentido interesado en investigar la psicología y condiciones de este tipo de experiencia durante muchos años.

A mediados de la década de los 50, un psiquiatra inglés, Humphrey Osmond, convenció a un novelista inglés, Aldous Huxley, de que tomara una dosis de mescalina, pensando que era una droga que inducía estados de conciencia similares a los de la esquizofrenia. Humphrey Osmond comprendió que Aldous Huxley era un maravilloso maestro de la palabra, por lo que pensó que era una buena idea facilitar esta experiencia a un hombre capaz de describir las cosas de forma maravillosamente exacta y vívida, con el fin de aprender algo sobre ella. Aldous Huxley no se limitó a escribir un informe privado para los médicos, sino que se apresuró a darlo a la imprenta, y publicó un libro llamado *Las puertas de la percepción*. En él decía, efectivamente, que creía que la toma de mescalina le había dado una experiencia que no podía menos que identificar con la gran experiencia mística de la integración del hombre y el universo, lo que, claro está, se sabía desde los tiempos antiguos.

Cuando leí esto, siendo un estudiante de psicología de la religión, como es natural, me sentí fascinado, pero incrédulo. Ya os lo podéis imaginar, pensé: "Aldous se pasa a veces". Lo conocía muy bien y sabía que sentía un especial entusiamo por toda novedad. Había profetizado en su *Un mundo feliz* que podría encontrarse el modo de inducir, mediante drogas, una felicidad perpetua, sutil, contemplativa, en los humanos, para que no continuaran molestándose mutuamente. Como es natural, todo el mundo había criticado algo así, diciendo que sería el final del espíritu humano. Yo consideré que podía ser otra de sus rarezas y no pensé más en ello.

Entonces, los psiquiatras que le habían metido en el asunto me contactaron a mí. Dijeron: "Estás considerado como una autoridad en psicología de la religión, y nos gustaría saber qué piensas del misticismo inducido por drogas". En aquella época yo era lo bastante estúpido como para aceptar una invitación para sustituir a Aldous Huxley en un congreso de la American Psychiatric Association, en Los Ángeles. Él no podía asistir, y me pidieron que hablara en su lugar. En aquel tiempo yo no había probado ninguna de tales drogas y simplemente di una conferencia teórica sobre el tema; dije: "si realmente te dan algo como la experiencia religiosa más profunda, imagino que será como la sensación de nadar con un chaleco salvavidas". Evitas hundirte gracias a medios digamos *artificiales*, y sacas una idea de lo que es flotar, pero todavía no has aprendido a nadar de verdad.

Ustedes conocen este momento mágico (supongo que casi todos los presentes saben nadar); recuerdan el momento mágico en que de repente descubrieron que podían echarse al agua y flotar. Era algo más, algo diferente que ser mantenido en la superficie por un flotador. De cierta manera, todavía conservo este punto de vista en cuanto a la relación de las substancias psicodélicas con el misticismo. Pero dejadme continuar con mi historia. Poco tiempo después, uno de los doctores que había tenido contactos con Aldous Huxley, me dijo: "¿lo probaría usted también, y nos daría su opinión sobre ello?" Es muy agradable que te traten como a un entendido, y además me sentía curioso. Pertenezco a la clase de personas que probarían cualquier cosa, de modo que me dejé administrar cien microgramos de dietilamida 25 del ácido lisérgico, una sustancia química muy específica y característica, y tuve una experiencia extraordinariamente interesante. Pero me pareció una experiencia de tipo estético, no místico; y así lo dije.

Los cambios en la percepción de uno eran simplemente fascinantes. Era como si mirases por un teleidoscopio, que es una combinación de kaleidoscopio y de telescopio. Al mirar por este aparato, todo cuanto miras queda confundido, formando diseños fascinantes, según su estructura. Me pareció que esta droga tenía exactamente el mismo efecto, que modificaba tu sistema nervioso de cierto modo, como mirar por un kaleidoscopio-telescopio, en vez de por un telescopio-telescopio. Lo vivificaba todo, lo que era muy interesante, pero nada más.

Más tarde, otro psiquiatra se puso en contacto conmigo en San Francisco y me dijo: "me parece que usted no ha profundizado bastante en el tema... Creo que podría sugerirle ciertas cosas interesantes porque, verá usted, esta droga es algo que hay que aprender a utilizar, de la misma forma que hay que aprender a utilizar un microscopio. Exige una técnica determinada. Si usted fuera biólogo, o bacteriólogo, tendría que aprender además a utilizar el instrumento". De modo que contesté: "bueno, bueno...probemos otra vez". Estaba totalmente escéptico. ¡Sorpresa!, tuve una experiencia innegable de conciencia cósmica. Era una sensación de unidad fundamental y completa, por los siglos de los siglos, con todo el universo. Y no sólo eso: lo que quedó verdaderamente claro, pese a que todas y cada una de las apariencias de la vida ordinaria parecen desmentirlo, es que la energía que sustenta el mundo es felicidad extática y amor.

Bueno, esto me desconcertaba mucho, pues pensaba: "¡Dios mío, pero es imposible sacar misticismo de una botella!" Esto sería degradarlo todo. Y no obstante, no podía negar el hecho de que había sucedido. Por aquellas fechas, ya Aldous Huxley había corrido a la imprenta y se había ido de la lengua, diciendo que los productos químicos hacían posible este tipo de experiencia. En aquel momento, ni él ni yo mismo sabíamos que esto iba a dar pie a una tremenda histeria popular. Creí tener una cierta responsabilidad, como alguien versado en la psicología de la religión y, puesto que él lo había sacado en letra impresa y la idea de que eso era posible se iba extendiendo, debía decir unas cuantas cosas sobre el asunto, para que se enfocara con prudencia, sentido común y de forma responsable.

Por lo que dejé constancia de mi experiencia personal en un libro titulado *The Joyous Cosmology*; en el que, a modo de apéndice, y no sólo en la parte central de la obra, puse el relato de mis experiencias. Además, había un prólogo y un epílogo que trataban de los problemas sociales y psicológicos que podían plantear semejantes experimentos. Como es sabido, se trata de algo que ha adquirido dimensiones casi catastróficas.

De repente, toda la población joven se agarró a ello, diciendo: "¡conectémonos, tengamos esta experiencia!" Hasta que Timothy Leary entró en escena, y ya no se tuvo ningún cuidado. Creía él que era algo que cada uno se debía a sí mismo, todo el mundo *debía* aficionarse a ello. Bueno, yo no estaba tan seguro de esto, de la misma manera que no aconsejaría a todo el mundo que diese la vuelta al mundo en un velero sin cabina. Si puedes hacerlo, es algo magnífico, pero yo no lo recomendaría a todo el mundo. Ni diría que todo el mundo *debe* pasar tres semanas absolutamente solo en un bosque para averiguar quién es. Si puedes soportarlo es una gran experiencia, pero yo no se la haría tragar a la fuerza. Ésta es la razón por la que dejé de ser un ministro de la religión. Durante un tiempo lo fui, pero me encontré en la incómoda posición de tener que apoyar a los misioneros, individuos que decían: "el cristianismo es tan bueno que *tenéis* que adoptarlo". Yo no creo que, por muy buena que sea una cosa en este mundo, haya que obligar a la gente a adoptarla. Tienes que ofrecérsela, sí. Tienes que ponerla a su disposición, pero no hacérsela tragar a la fuerza. Nunca olvides las palabras de Jesús, que tendrían que resultar muy embarazosas para sus misioneros: "no déis lo que es santo a los perros, ni echéis las perlas a los cerdos".

No quiero definir por adelantado quién es un cerdo y quién no; pero sí creo que hay que tener mucho cuidado cuando se hace entrega de algo de valor. Después de todo, no das de comer ostras a tus hijos, porque lo que quieren es bocadillos de salchichas o hamburguesas y helado. Tienes que tener cierto sentido del gusto, un cierto paladar, para apreciar tales cosas.

Y todavía más cuando lo que vas a hacer supone un cierto elemento de peligro; y todos nosotros vimos enseguida que el uso de las substancias psicodélicas podía ser peligroso. ¿Por qué? Por una razón muy simple: la experiencia mística es algo que en nuestra cultura occidental no se lleva muy bien, porque no estamos acostumbrados a ella y es algo que nuestras religiones "modelo standard" apenas han estudiado. Predican la moral. No ayudan a la gente a alcanzar la conciencia cósmica y por eso, en el contexto de la cultura occidental, una persona que tiene una experiencia mística es propensa a levantarse y anunciar que es Dios Padre Todopoderoso y que tiene personalmente a su cargo todo el universo. Esto implica al mismo tiempo una terrible responsabilidad, hasta el punto de que, en Los Ángeles, un chico que tomó LSD conseguido en el mercado negro y tuvo una experiencia muy penosa, se presentó a la policía llevando una notita que decía: "por favor, ayúdenme" –firmado Jehová.

Otras personas han imaginado ser perfectamente ingrávidas y poder saltar por la ventana y volar. Otros han imaginado que pueden entenderlo absolutamente todo, que pueden predecir el futuro y recordar todo el pasado, que pueden entender al instante el sentido de cualquier idioma extranjero que se les hable y toda una lista de cosas maravillosas por el estilo. Lo que se debe a la idea tradicional de lo que significa volverse Dios y ser omnipotente y omnisciente. Sienten esta básica sensación tan fundamental de ser uno con todo cuanto sucede y, al proyectarlo en la pantalla, el condicionamiento occidental de la cultura judeo-cristiana, les dan esta inter-pretación equivocada: "Soy *personalmente* responsable de todo cuanto sucede". De esta forma se ven aquejados de me-galomanía, delirios de grandeza y cosas de esta índole. Por eso, con este tipo de substancia, una experiencia no vigilada a veces puede ser un gran desastre.

Pero veamos, tenemos que analizar varios puntos. ¿Tiene valor social la experiencia inducida por sustancias químicas como el LSD, la mescalina, la psilocibina o la humilde can-nabis? ¿O es simplemente una alucinación? Si comenzamos nuestro análisis por el estado mental peculiar que induce el alcohol, antes que nada, consideremos lo siguiente: ¿es una verdadera relajación la sensación de comodidad, bienestar y relajación que se experimenta gracias al alcohol?¿Un bie-nestar real? ¿O es una alucinación? Bien, podemos decir que, en cierta medida, el alcohol presta servicios valiosos a la humanidad. En pequeñas cantidades, esta sustancia re-duce la tensión de la gente. Le facilita el trato social. Le relaja, dándole buen apetito antes de comer; pero tan sólo si la utiliza con gran moderación. Tomada en exceso, es una substancia química que daña el organismo humano en su to-talidad, por lo que debe ser ingerida únicamente en cantida-des mínimas y lo mejor es enfocar su uso como han hecho los franceses con el culto de los buenos vinos: beber por el sabor y no por el efecto. El culto de los vinos franceses se encuentra tras el más amplio de la cocina francesa y es una influencia muy civilizadora. ¡Bravo! Pero tiene que ser con una gran moderación. Si uno se propasa, no es ya tan bueno.

¿Pero qué podemos decir en relación con esas otras substancias? Resulta que todas estas substancias psicodé-licas (volvamos a especificar: ácido lisérgico, mescalina, psilocibina, cannabis y, en menor grado, las anfetaminas) no han sido tan estudiadas. No son adictivas, como lo son el alcohol, la heroína, la morfina y cosas por el estilo. Si alguien deja de utilizarlas no sufre síntomas de abstinencia, y tampoco tiene que ir aumentando las dosis para conseguir los efectos peculiares que inducen. Pero sigue en pie la pregunta: ¿Es socialmente válido el cambio de conciencia que producen; es algo que mejora nuestra visión de la realidad?¿O no es más que una alucinación?

Permitidme que trate en primer lugar el segundo punto. La transformación básica de la conciencia que tiene lugar como resultado de la utilización de los psicodélicos, puede ser descrita de modo acertado, probablemente, como un sentimiento *polar*. Sientes que todo lo exterior no se opone, no está en contradicción con lo interno, sino que simplemente van juntos. Te das cuenta de que la figura siempre existe con su fondo. Por eso te parece gracioso comprender que todo el comportamiento humano se unifica, de forma que no puedes tener santos sin pecadores. No puedes tener policías sin ladrones. No puedes tener fracasos sin éxitos, y viceversa. No puedes tener lo bueno y valioso de la vida sin el contraste de fondo del fracaso y el mal. Y tampoco puedes tener vida sin muerte. Comprender esto produce un cierto impacto. Tened en cuenta que nuestra cultura apuesta por el idealismo de tener lo bueno sin lo malo; de utilizar la medicina para llevarnos al punto de que no necesitemos morir, de modo que podamos tener la vida sin la muerte, y de reformar y psicoterapizar a la gente para que todos los ciudadanos sean buenos cumplidores de la ley y no haya criminales. Todos sanos y nadie en los asilos.

Y no obstante, no obstante... desde otro punto de vista, ya ves, si no hubiera enfermos, tampoco habría incentivos para el estudio de la medicina. Si no hubiera locos, no habría

71

incentivos para el estudio de la psicología ni para investigar la mente humana. Y si no hubiera malvados, no habría intriga, ni pensamiento acerca de los problemas de la ética.De este modo, se llega a veces a una situación curiosa, desde la que se comprende que todo el mundo, por malo que sea, contribuye de forma esencial a la totalidad de la vida. Pero no sabes muy bien qué hacer con semejante comprensión. En un momento dado la consideras totalmente subversiva, y sin embargo, desde otro punto de vista declaras que no es subversiva, porque demuestra que todo está de alguna manera en el sitio que le corresponde.

Sea como sea, éste es el punto de vista que suele aportar la utilización de tales sustancias. Por eso es fácil de comprender que cualquier tipo de gobierno puede sentirse amenazado por ellas, porque pueden creer que afecta a la conciencia, o sea, hace que las personas no se sientan tan culpables. Todos los gobiernos dominan a las personas explotando y manipulando su sentido de culpabilidad, porque todos cuantos estamos en esta habitación tiene un secreto privado; algo acerca de ti mismo que no vas a declarar en público; algo de lo que tienes miedo, o que te avergüenza. Cualquier buen psicólogo puede sacártelo afuera, hacerte un lavado de cerebro y explotar tu tentación personal, o tu personal psicosis. Por ello puede hacer que te odies a ti mismo y de esta forma obligarte a hacer penitencia por tus pecados, soportando sus designios y su particular forma de castigo para librarte de la culpa.

La explotación de la culpabilidad es el método primario de las dictaduras, que se las arreglan para que obedezcas las directivas de un gobierno autoritario. Cuidado, porque la idea de que todos los hombres son iguales a los ojos de Dios, bajo el gobierno de un dictador se convierte en la idea de que todos los hombres son igualmente inferiores. Sois *todos* unos criminales, por lo que la policía puede trataros mal a todos. Todo el mundo es culpable hasta que no se demuestre lo contrario. Pero naturalmente, la base de todas nuestras creencias de derecho común es que todo el mundo es inocente hasta que se pruebe lo contrario. Un principio más frecuentemente violado que obedecido.

Este tipo de experiencias entraña, pues, cierto riesgo. Pero pasemos a considerar lo siguiente: ¿se trata de una fantasía, o contiene algo de verdad? Supongamos que tengo la experiencia de que mi existencia personal forma un todo continuo con la de todo lo demás. De que soy una parte de la naturaleza; no sólo una parte, sino una expresión de la total actividad del universo. ¿Se trata de una alucinación? ¿Cómo puedo llegar a una conclusión?

Los criterios de los que nos servimos hoy día son las ideas de los científicos. Si acudo al biólogo, al físico o al químico, resulta que sus descripciones de mí mismo, como ser humano, están más de acuerdo con esta supuesta alucinación que con mi estado normal de conciencia. En mi estado normal de conciencia, en el que soy el producto de determinada cultura, que cree que el individuo consiste en un alma separada (o un ego freudiano) que habita un vehículo físico, me siento alienado, separado de todo el resto. Pero si es un biólogo el que me describe, soy algo totalmente diferente. Un biólogo me describe como un organismo/entorno, no como un organismo *en* un entorno. Describe mi comportamiento sin diferenciarlo del de mi entorno. Y aún irá más lejos: describirá el comportamiento de mi entorno sin diferenciarlo de mi comportamiento. Somos ambos un sólo campo de proceso, lo que a veces se llama una "transacción".

En otras palabras, el hecho de que el sol sea luz, es un resultado de mi sistema nervioso. Mi sistema nervioso convierte en luz al sol. El sol no sería luz si mi sistema nervioso (y el tuyo) no lo hicieran así. Así que vengo a decir que *tú* haces el mundo. Al mismo tiempo, tu sistema nervioso está en el mismo mundo físico que el sol. De esta forma, a veces, bajo la influencia de una sustancia psicodélica, te parece que todo cuanto sucede está dentro de tu cabeza. A continuación, te parece que es tu cabeza la que está dentro de todo cuanto sucede. Y en seguida te parece que todo lo que sucede está dentro de tu cabeza...es algo así como un juego de niños, que se come la cola, aunque ambos puntos de vista son correctos. Pero lo que quiero decir es que la sensación de que mi ser forma un continuo con todo cuanto sucede en el mundo físico, está más de acuerdo con los hechos, tal como la ciencia los describe, que la sensación subjetiva, normal, de ser algo que simplemente está *en* el mundo: en parte soy influido y en parte influyo, pero básicamente soy un extranjero sobre la tierra.

Si juzgamos según este criterio, creo que el cambio de conciencia inducido por semejantes sustancias se adapta a los hechos observados por la ciencia mejor que el tipo normal de conciencia que me han enseñado en casa y en el colegio, donde me han dado una sensación de mi propia existencia que es simplemente la mitología de una cultura determinada. Además, sigo pensando que este cambio de conciencia puede ser muy importante para nuestra sobrevivencia general, porque si me siento ajeno a mi medio natural, con toda probabilidad lucharé contra él y usaré el poder de la tecnología para destruirlo, en vez de cooperar con él. No se me oculta que esto es lo que está haciendo ya nuestra cultura, y me parece evidente que un cambio de las mentes humanas, en el sentido de cooperar con el entorno, en vez de combatirlo, puede ser decisivo.

Y por eso se me ocurre que es acaso providencial que, en este momento de la historia, aparezca una substancia con poder suficiente para tratar la enfermedad de la conciencia enajenada: la hostilidad hacia el mundo. ¿No es posible que sea esto tan providencial, en el siglo XX, como el descubrimiento de la vacuna contra la viruela que hizo Jenner en el siglo XIX? No es descabellado. Arthur Koestler, un señor muy moderado con el que he mantenido discusiones bastante duras, motivadas por su valoración de la filosofía oriental, en su libro *The Ghost in the Machine* nos sale con la idea de que acaso lo único que puede salvar al hombre tecnológico de autodestruirse, es tratar directamente su sistema nervioso, para trasformarlo.

Algunos neurólogos están empezando a hablar seriamente de la necesidad de una tecnología de la paz. La podríamos llamar *paz química*. Pero muchos de nosotros estamos contra esta forma de pensar, porque decimos que entonces significa que estamos reduciendo el espíritu humano a simples sustancias químicas, y *esto* es intolerable. Recuerdo que me encontraba en una reunión de psiquiatras y alguien hablaba de los efectos maravillosos de substancias como la toracina y la rezapina en el tratamiento de los trastornos mentales. Y dijo: "si llego a pensar que mi profesión de psiquiatría ha de limitarse a administrar pastillas, me hago vendedor de coches de segunda mano". En otras palabras, existe la impresión de que esto significa degradar a los seres humanos; si no somos más que productos químicos, ¿qué importa? Pero utilizando una y otra vez tales sustancias, semejante opinión queda invalidada. Hemos descubierto que no existe ninguna relación de causa-efecto entre tomar LSD y tener una experiencia mística. Esto ha sido comprobado, mediante estadísticas, por el centro estadounidense de investigación con sustancias psicodélicas, en Silver Springs, Maryland. La experiencia mística puede darse, o no, porque depende de factores que superan la propia droga. Depende de a quién se da, en qué circunstancias se toma y quién la da. En otras palabras, la función del producto químico es puramente instrumental.

He aquí un magnífico piano, fabricado por Steinway & Sons. Precioso; y cualquiera que no tenga idea de tocar el piano puede jugar con las teclas de un Steinway. Produce unos sonidos que en sí mismos son excelentes, porque el piano es un instrumento de calidad, pero que no están ordenados de acuerdo con ninguna forma de coherencia musical. Pon el mismo instrumento al alcance de un experto y lo utilizará maravillosamente. Con las drogas psicodélicas sucede exactamente lo mismo. Cualquiera puede utilizarlas, como cualquiera puede mirar a través de un microscopio, o de un telescopio. Pero no todo el mundo las puede utilizar para producir una experiencia religiosa, una experiencia estética profunda o creatividad científica. Lo que sacas de ellas depende de lo que aportas.

Debemos considerar estas sustancias como estrictamente instrumentales. No *hacen* por ti nada que no aportes tú mismo. Pero claro, siempre existe la tentación de creer que la salvación está metida en la botella, en la pastilla, y que simplemente tomando esta sustancia, de alguna manera nos transportará. Pero que no es éste el caso ha quedado demostrado por el creciente número de personas que han tomado lo que llamo "ácido callejero", bajo las peores circunstancias imaginables; sin siquiera idea de su composición, ni de la dosis, y sin preocuparse por las circunstancias en que lo tomaban y han tenido los llamados "malos viajes". ¡Naturalmente! Debo encarecer el hecho: *no* toméis ácido callejero, no sabéis lo que es. Claro, si queréis jugar a la ruleta rusa y no os importa el riesgo, supongo que estamos en un país libre. Pero de verdad que es una tontería. Podéis correr peligros que escapan a vuestro control.

Por otro lado, cuando consideramos desde un punto de vista social lo que vamos a hacer en relación con este asunto, no se trata simplemente de que haya ácido lisérgico de la clase que sea libre por las calles, en el mercado negro; mescalina, psilocibina, dimetiltriptamina, así como nuestra vieja amiga la marijuana. En este caso no está sobre el tapete la cuestión de que sea, o no, *mala* marijuana: sólo es una planta. ¿Cuál debería ser la posición oficial en relación con tales cosas?

Tengo la firme convicción de que en un país en que apreciamos la libertad, no debemos hacer leyes morales. En especial cuando la moralidad se refiere al ámbito individual. Incluso evocando las ideas religiosas básicas acerca de la conducta moral, tanto en la filosofía cristiana como en la judía, la idea fundamental es que una acción realizada bajo compulsión no es moralmente calificable. Diciéndolo de otro modo, si eres fiel a tu mujer meramente por miedo las consecuencias del adulterio, no eres un marido verdaderamente fiel. Si das limosnas a los pobres, meramente para conseguir un lugar en el cielo o en la lista de donantes de la sinagoga, no eres verdaderamente caritativo. Así que, según la teología judía y cristiana, para que una conducta sea moral, tiene que ser voluntaria. Todo comportamiento moral obligado, pues, no es moral. La única justificación que tiene la obligación de comportarse moralmente, es que la conducta moral puede causar, en determinadas circunstancias, grandes inconvenientes a terceros, como cuando se roba a la gente, o se asesina o asalta en las calles. Lo que –supongo que estamos de acuerdo– debe ser evitado por la policía. Pero cuando se trata de si puedes participar en juegos de azar, tener relaciones sexuales irregulares o cambiar el estado de tu conciencia mediante la ingestión de alcohol, tabaco, somníferos, aspirina, cafeína o ácido lisérgico, tienes una cierta responsabilidad para juzgar por ti mismo, porque, si se te priva de dicha responsabilidad, ¿de qué otras responsabilidades se te podría privar también, por tu propio bien?¿Qué lees? Lee las obras de Karl Marx. ¿Cómo sabrás enfrentarte a un contrincante comunista si no entiendes la filosofía de Marx?¿Cómo sabrás enfrentarte con China, si no has leído todo lo posible sobre Mao Zedong? Debes entender a tu enemigo, si no puedes evitar que lo sea.

Así, la responsabilidad implica cierta libertad de asumir riesgos y emprender aventuras. Es muy peligroso –podría haberse dicho tantas veces– elevarse en el aire en una máquina. Los hermanos Wright se expusieron mucho. ¿Y si hubieran caído, qué hubiera pasado con sus mujeres e hijos?¿Hubieran tenido que ser mantenidos por el estado? Por tanto, los hermanos Wright no hubieran conseguido el permiso para volar en aquel aeroplano. De la misma manera, puedes volverte loco y tu mujer e hijos pueden quedarse sin tu apoyo si emprendes ciertas aventuras en el campo de la conciencia. Es el mismo problema.

¿Tiene el estado derecho de decirte que hay ciertos riesgos que no *debes* asumir? Si el estado carga con esta responsabilidad, es inevitable que al mismo tiempo esté diciendo que no debemos hacer experimentos que podrían dar como resultado grandes beneficios para la humanidad. No sabemos si los darán o no. Lo que sabemos acerca de todo este asunto todavía no es mucho, pero por lo menos

tenemos el derecho de intentarlo. Sugiero que no se intente de manera indisciplinada y en situaciones de descontrol
total. Quienes se oponen al uso de estas sustancias son los
políticos, con la pretensión de ganar votos y captarse a todas las viejecitas aterrorizadas por las notas sensacionalis-
tas de prensa; eso es todo.

Pero el hecho indiscutido, el núcleo del asunto es éste:
si vamos a emprender aventuras peligrosas de este tipo, debería hacerse al descubierto, con la asistencia de los más
sabios en el campo de la ciencia, la psicología y la religión.
Cuando enviamos a alguien al espacio, nuestros astronautas tienen tras ellos toda la fuerza científica de la nación.
Asimismo, si vamos a enviar a alguien al espacio interior,
en vez de recibir subvenciones (como se hace) *sub rosa*, en
una atmósfera de paranoia culpable, debería ser algo en lo
que cooperáramos abiertamente, con la sensación de que
te mantenemos cogido de la mano y estamos contigo a lo
largo de todo el camino. Pero no se está haciendo así.

Tenemos planteado el mismo problema que estamos viviendo en este país desde hace años. Quizá te sientas, como
yo, muy interesado en que haya orden y reine la ley en este
país; que se respete a la policía. Pero a la policía se la dejó
de respetar cuando la ley seca entró en efecto, porque los
agentes de la ley tenían que hacer obedecer cosas que simplemente los ciudadanos no estaban dispuestos a aceptar. Se
volvieron hipócritas, predicadores armados, y toda prédica
crea hipocresía. Cuando pones pistolas en manos de los clé-
rigos, la que se arma es buena.

Con un simple gesto podríamos restaurar el respeto del
país por la policía, sacándole de las manos *todo* asunto del
ámbito de la moral privada. He aquí una pregunta a la que
no es necesario contestar: ¿quién va a presentarse como vo-

luntario para formar parte de un cuerpo de policía dedicado a la lucha contra el vicio?¿Qué clase de persona?¿Quién va a presentarse como voluntario para espiar por agujeros practicados en los lavabos públicos para hombres y ver lo que están haciendo?¿Qué clase de persona? No nos es posible volver a educar a todos los policías, ni podemos reclutar una fuerza policial nueva, con educación universitaria y demás requisitos; es simplemente imposible, no es realizable. Pero con un simple golpe de pluma, si sacáramos del control de la policía los asuntos concernientes a las drogas, el sexo, los juegos de azar y cosas por el estilo, y los considerásemos simples cuestiones de salud pública, el respeto por la policía se vería incrementado. Lo necesitamos. Tenemos que conseguirlo. Porque no puede ser que te sientas esquizofrénico respecto de los agentes de la ley y digas: "vuestra responsabilidad es controlarnos en asuntos en los que no queremos ser controlados". No saben qué hacer. No es extraño que se sientan desorientados. No es extraño que empiecen a hacer locuras. Hay que respaldarles y ayudarles.

Básicamente, los jóvenes no se han interesado por las llamadas drogas en busca de diversión. Es demasiado fácil descartar las aventuras de la juventud diciendo: "quieren divertirse. Sólo están de juerga". Si los jóvenes no son más un grupo de individuos irresponsables, que simplemente están de juerga, a los que sólo interesa divertirse, ¿por qué cargarlos con la terrible responsabilidad de luchar en el ejército? Si dices que tienen la suficiente madurez para hacer esto, no puedes rebajarles considerándolos muchachitos inmaduros. Y si lo son, combate tú, como adulto, tus propias batallas.

Así que la posición no es que los jóvenes de hoy sólo piensan en divertirse. Lo que se han propuesto es descubrir la naturaleza de este universo. Están muy desorientados, porque las respuestas de las religiones de modelo antiguo, pese a ser en cierto modo respetadas no son creíbles en absoluto. Y las respuestas de la ciencia tampoco son creíbles, porque les falta un cierto sentido de lo maravilloso. Ya sabéis, el viejo asunto del mecanismo y tener que estudiar todo esto y tener que recorrer todas las estadísticas y hacerlo lo más aburrido posible para que todos sepamos que eres un científico de pro, porque eres aburrido de verdad. Los chicos no lo ven así, saben que el universo es asombroso. Pero la idea de Dios Padre, en el viejo sentido, no es lo bastante asombrosa; y la idea de la energía ciega tampoco lo es. Están llenos de entusiasmo y excitación, quieren descubrir de lo que se trata. Y entonces se les susurra una sugerencia de que si cambias tu conciencia de cierta forma, puedes descubrirlo. No se lanzan a ello porque vayan tras una tonta diversión, sino porque están dispuestos a asumir el riesgo de volverse locos, con tal de tener quizás la visión del sentido de las cosas.

No puedes despreciar a gente así, personas que *saben* que corren el riesgo de volverse locas. Es lo mismo que aquéllos que asumieron el riesgo de estrellarse y aprendieron a volar en aeroplano; de asfixiarse y son astronautas; de contraer todo tipo de enfermedades infecciosas por querer tratar a los leprosos. Es la historia de siempre. Quienes están dispuestos a emprender la aventura necesitan el apoyo público y toda la sabiduría y el consejo para el buen término de su empresa. Si tienen esto, no van a emprender estas aventuras de forma estúpida e inútil, pero si se les rechaza de plano, seguirán adelante de forma totalmente indisciplinada y alocada y, naturalmente, ocurrirán toda clase de desastres y malos tragos. Considerad este peligro mental y no pretendáis que no existe.

5. LA DROGADICCIÓN

Pensaba hablar de modo general sobre el uso indiscriminado de las drogas. Acaso os preguntéis por qué yo, un filósofo, me creo autorizado a hablar de este tema. Me empezó a interesar en 1958, porque mi especialidad es la filosofía de la religión y, por lo tanto, las diferentes modalidades de conciencia humana. Oí decir a varias personas que estaban investigando el LSD y la mescalina en la UCLA, que dichas drogas aparentemente producían estados de conciencia muy similares a lo que llamamos experiencia mística, o conciencia cósmica. Me preguntaron si yo estaría dispuesto a servir de conejillo de Indias y experimentar allí, preferentemente con LSD y también con mescalina, y ver lo que sucedía, intentando describirles lo más exactamente posible los efectos de dichas substancias. Y así lo hice.

Tengo un don especial, que llaman "labia". Me atraía el reto de describir lo que se supone indescriptible. Me dieron dimetiltriptamina, que se supone que te desintegra del todo. Aposté con los médicos que no perdería la cabeza y sucedió tal como había dicho. Fue difícil, pero así se despertó mi interés.

Después, empecé a explorar la sociología de las drogas, y la primera cosa que tenemos que tener clara sobre este punto es que la palabra *drogas* es muy engañosa. Tenemos una institución inofensiva llamada "drugstore", que se puede encontrar en la esquina de cualquier calle y nadie lo encuentra ominoso.

También tenemos la palabra *drogado*, para cuando una persona está volada, vaga y desorientada. Entre las drogas, o substancias que alteran la conciencia, las hay de muchas clases, con efectos muy diferentes, como cafeína, aspirina, alcohol, marijuana, LSD, mescalina, DMT, psilocibina, heroína, opio y aún más. Deberíamos considerar cada una de ellas por separado, en vez de amontonarlas juntas, porque son absolutamente diferentes. Voy a decir algo que probablemente ya sabréis, no es nada nuevo, pero tengo ganas de afirmar algo provocativo: tanto las leyes de los Estados Unidos, como los programas subvencionados por el estado concernientes al uso de las drogas adictivas, son un fracaso total. Y no sólo eso, sino que agravan el problema. Son tan estúpidos, que quienes apoyan tales leyes tienen que ser retrasados mentales, o unos mafiosos. No es para menos.

En primer lugar, todos sabemos que los organismos oficiales son instituciones al servicio de sí mismas. Confesémolo. Cualquier empleado de un organismo oficial, lo que quiere es conservar su empleo. A continuación consideraremos el Bureau of Narcotics. A este organismo le interesa que *exista* el problema de las drogas porque, si no fuera así, él mismo no tendría razón de existir. Esto puede decirse de los asuntos policiales, de forma general, porque el problema de las drogas es una división de las llamadas *de moralidad pública* suponen una confusión de la iglesia y el estado. Estas leyes que combaten el *pecado* como algo diferente del *delito*. Según mi definición, aunque tales definiciones siempre están sujetas a discusión, *delito* es una ofensa contra la sociedad en la que alguien resulta dañado y está dispuesto a quejarse. A una persona le roban o atacan y sencillamente no quiere que tal cosa suceda.

Pero existen innumerables pecados (podemos llamarlos así, aunque sea un término eclesiástico) que podemos definir como "delitos sin víctimas" como son los juegos de azar, la prostitución, el uso de las drogas y ciertos tipos de relaciones sexuales. Cuando se intenta regular legalmente tales cosas, invariablemente se provoca un lío super-colosal. No sólo porque los organismos oficiales que las combaten –brigadas especializadas en la lucha contra las drogas y el vicio, etc.– no están interesados en su desaparición, sino porque, además, al prohibirlas se encarecen sus precios de mercado. Por ejemplo, la heroína. El precio de la heroína, que además es de mala calidad, es colosal. Mantener este hábito cuesta 35 dólares diarios. Es una de las industrias más prósperas de los Estados Unidos. Me han informado de que, desde el punto de vista del movimiento de dinero, la heroína representa el principal producto de importación a los Estados Unidos. Ignoro si esto es cierto, pero seguro que alguien está forrándose. El negocio perfecto. Enganchas a alguien y para mantener el hábito tiene que convertirse en un camello o en un ladrón, y los asaltos callejeros están en relación directa con la necesidad de mantener la adicción a la heroína.

Pues bien, cuando haces de esto un problema que la policía tiene que controlar, corrompes a la policía. La policía de los Estados Unidos comenzó a corromperse en el momento de la ley seca. El señor Ansinger, que había trabajado para la ley seca, tuvo que buscarse otro trabajo, así que escogió las drogas como nueva ley seca y le fue muy bien. Utilizando la fuerza de los Estados Unidos, convenció a casi todos los demás países de que cooperaran en este programa y, consiguiendo así que, de rebote, pusieran en marcha la mayor estafa internacional de la actualidad. Uno se pregunta a veces si el señor Arsinger no se provechó de ello. Sólo podemos decir que se aprovechó en el sentido de que, gracias a ello, consiguió una posición eminente. Hay quien está haciéndose rico con este negocio, sencillamente porque el precio es alto; y es alto porque está *prohibido*. Cualquier tonto podría darse cuenta de esto.

Entretanto, la policía está desatendiendo sus otras responsabilidades. Si te roban en casa, no pueden mostrar menos interés en recuperar los bienes sustraídos. Me he enterado de un caso, sucedido hace poco, en que los agentes de la policía no se presentaron hasta dos días después del suceso, momento en que enviaron a una pareja de memos, vestidos de paisano, que revolvieron y miraron un poco por ahí y se fueron. No les importa un pito, porque tienen demasiado trabajo y no están bien pagados. Por lo que propongo, en líneas generales, que la responsabilidad de la policía se limite a cuatro sectores. Uno: protegernos de los ladrones. Dos: protegernos de la violencia. Tres: dirigir el tráfico. Y cuatro: ayudar a las personas en apuros. Los efectivos de las brigadas contra el vicio y las drogas, simplemente podrían ser transferidos a estas nuevas ocupaciones, porque de verdad que hay bastante que hacer en estos cuatro sectores.

Entonces, me diréis: "¿qué hay que hacer en relación con lo otro?". Bueno, veamos. ¡Seamos realistas! Habrá gente, siempre la ha habido, que hará tonterías. Es una tontería caer en una drogadicción. Es bastante tonto entregarse a los juegos de azar. Pero no es posible impedir, mediante una ley, que la gente sea tonta. Como tampoco es posible hacer que sea moral mediante una ley. El meollo de las ideas cristianas es que la moralidad no significa nada, excepto si lo que se hace, o se deja de hacer, se hace *libremente*. En otras palabras, tiene que ser tu propio acto voluntario. Alguien a quien se obliga a ser moral, no lo es desde el punto de vista cristiano; tan sólo está atemorizado. Por lo tanto, si borráramos de los códigos todas nuestras leyes moralizantes, simplificaríamos muchísimo algunos de nuestros problemas sociales. Legitimad la prostitución y el juego y tratad el uso de las drogas como algo pertinente a la salud pública. Creo que algunas, relativamente inocuas, como la marijuana, deberían venderse como el alcohol: con licencia y tan sólo a los adultos. En cuanto a las drogas duras, lo considero un problema que deben resolver los médicos y hospitales, no la policía. Sobre todo, no la policía. Así que, en este caso, ¿qué pasaría? Quizás habría, como mínimo, un aumento temporal en el uso de dichas sustancias. Pero *la libertad inevitablemente comporta riesgos*. No puedes tener un país libre que al mismo tiempo sea un parvulario.

Ahora la FDA está a punto de prohibir la venta de vitaminas, por encima de cierta concentración, sin receta médica. ¿Con qué se meterán después? Como varón adulto, con un conocimiento suficiente de estos asuntos, me siento ofendido cuando tales consejos se convierten en leyes. Agradezco a la FDA que se limite a aconsejar, pero cuando se promulgan leyes que me prohiben comprar cuantas vitaminas quiero, sin la receta de un médico, me siento ofendido. Creo que es un insulto a mi buen juicio y a mi inteligencia. Estoy perfectamente dispuesto a leer los libros que hagan falta, para descubrir lo que es peligroso y lo que no lo es, o la opinión de quien sea sobre lo que es o no es peligroso, porque la medicina no es una ciencia exacta, ni mucho menos.

Cuando se promulgan más y más leyes, la situación se vuelve intolerable. Tenemos una fe muy ingenua en la ley. Todo el mundo dice: "¡tendría que haber una ley contra esto!" Así que hacen una ley contra esto y todo se complica. Hoy día, casi no puedes dar un paso sin un abogado al lado, que te diga lo que puedes y no puedes hacer, especialmente en el mundo de las empresas y especialmente en el de las pequeñas empresas. Estamos rodeados por la ley. Estamos rodeados por agentes y funcionarios que se supone que actúan por nuestro bien, cuando en realidad lo hacen para el suyo propio, porque es su oficio.

Si borráramos del código las leyes moralizante, las cárceles se vaciarían de un tercio de los reclusos, por lo menos. Las cárceles están repletas de gente que no tendría que estar allí en absoluto, porque está allí por pecados y no por delitos. No se creen culpables y, por lo tanto, se sienten ofendidos por estar encarcelados. El hecho de estarlo simplemente refuerza su odio hacia la sociedad. Se supone que en California tenemos las mejores cárceles del país. Lugares como Barkerville y San Quintín están considerados como buenos, pero de hecho son increíblemente horribles, porque hay allí una serie de individuos que, en una situación kafkiana, están cumpliendo sentencias de uno a diez años. Ya sabéis: "te dejaremos salir si parece que vas mejor". Nadie sabe lo que tienen que hacer. ¿Qué significa "ir mejor"? ¿Pensarán los funcionarios que conceden la libertad condicional que yo estoy simulando mejoría para que me dejen salir y poder así reanudar mi vida criminal? Esto significa, por tanto, que los psiquiatras y funcionarios responsables juzgan de manera muy subjetiva si una persona está simulando o no. Los presos están en una situación de total incertidumbre respecto a lo larga que va a ser su reclusión.

Además, no hay que olvidar que, en los Estados Unidos, estar en la cárcel significa mucho más que estar fuera de circulación para que no puedas hacer daño a nadie. Significa abstinencia sexual. Significa una comida que no puede ser peor. Todos nuestros penalistas están de acuerdo en que nuestras cárceles son escuelas de delincuencia y sodomía, por lo que, cuando confinas a los individuos sensibles que suelen volverse drogadictos en tales instituciones, estás creando una abominación. No es una solución y no hace más que aumentar el número de enemigos de la sociedad.

Durante el penúltimo mes de marzo, la Sexta Flota envió a sus jefazos al Instituto de Esalen. Ya habréis oído decir que el Instituto de Esalen, de California, es lo que se llama un "centro de potencial humano", o un centro de crecimiento personal, en el que estudiamos todo, desde religión a psicoterapia, con grupos de encuentro y demás, para la educación de la conciencia sensitiva. Todos estos jefazos vinieron a pasar diez días para encontrar una posible solución alternativa a los problemas planteados por los drogadictos. Aunque las reuniones públicas eran, como suelen serlo, charlas que producen montañas de memorándums, había un general inteligente allí, el general Tollison. En estas conferencias, todo el trabajo útil se lleva a cabo alrededor de la mesa del bar y no en las reuniones públicas. Así que, tras hablar con él y con el psiquiatra en jefe, el coronel Livingston, durante horas, ambos estuvieron de acuerdo en que el problema no se podía resolver utilizando métodos policiales. Pero la gente está en un estado de pánico tal y tiene una confianza tan ingenua en la ley y la obligatoriedad de la ley, que cualquier miembro del Congreso que intente cambiar la situación, tiene miedo de perder sus votos.

El problema de la drogadicción no es un problema de los drogadictos, sino de la sociedad en general. Y la sociedad tiene que ser educada hasta que comprenda que los adictos, en relalidad, son enfermos. No son delincuentes y tenemos que estudiar atentamente cómo se han enfrentado los ingleses con este problema, acerca de lo cual han aparecido algunos artículos en el *New Yorker*, muy buenos y bien informados, en los que se demuestra que su problema no es nada, comparado con el nuestro. Aunque siguen teniéndolo, es un problema secundario. Sencillamente, tienen clínicas en las que si te declaras heroinómano, puedes conseguir tu dosis, junto con la oportunidad de consultar con consejeros, o médicos, que pueden ayudarte a romper el hábito. No puedes romper el hábito de la heroína así, por las buenas, como tampoco el del alcohol, porque tienes síntomas de abstinencia y muchos problemas.

Creo que debemos considerar la conveniencia de adoptar algo parecido al sistema británico para acabar con los mafiosos. Empiezo a sospechar a qué se debió en realidad la guerra de Vietnam. No se me oculta que Laos es uno de los proveedores de opio más importantes del mundo, por lo que quien controle Laos será muy rico. Uno no puede menos que recordar las guerras del opio, cuando los ingleses se hicieron con el control del mercado del opio destinado a China. Hicieron fortunas vendiendo opio a los chinos. Y ahí está Laos, tan tranquilo, un rico botín para quien lo capture. ¿Para quién será? Tenemos que ser bastante cínicos respecto de tales asuntos y darnos cuenta de que los diferentes organismos no existen para el bien público, sino por su propio interés. Y de que cuando prohibes algo mediante una ley, automáticamente lo escondes bajo la alfombra, lo entierras y allí se encona y se vuelve cada vez peor. Hay que sacar todas las cosas de sus escondrijos, para que les dé el sol.

Es, por ejemplo, como las calles de una ciudad; las primitivas calles, flanqueadas en todo su recorrido por tiendecitas, en las que las matronas miran desde las ventanas o se sientan junto a las porterías para ver cómo pasa la gente. Es mucho menos probable que ocurra un crimen en una de estas calles, que en los pasillos de un edificio de apartamentos, esos largos pasillos vacíos, sin nadie que vigile. Las calles vacías de los barrios residenciales lujosos, en los que no hay tiendas, son la situación ideal para que tenga lugar un crimen. Por eso digo: "que todo salga a la luz, que todo el mundo mire y el crimen disminuirá automáticamente".

Bueno, éstas son mis observaciones preliminares en relación con los aspectos legales del asunto, y me gustaría tener con vosotros un poco de diálogo.

Pregunta: Quisiera preguntar algo sobre la legalización. Siempre he creído también que ésta era la solución. Por ejemplo, en Nevada, donde el juego es legal, pese a ser legal, no obstante parece que la mafia sigue controlándolo. Me pregunto si algo como el juego, que es una necesidad humana, para participar en la cual la gente paga un alto precio, por ser una fuente de riqueza tan importante… ¿solucionaría ésto a la larga el problema?

Alan: Bueno, Nevada es una especie de estado-isla, rodeado por estados en los que existen controles y actitudes totalmente distintos. Puesto que la mafia tiene el control del asunto a escala nacional, no tiene dificultad en conservar su poder también en Nevada.

P: Pienso también en el poder de las fábricas de cerveza

en Alemania. Por ejemplo, casi todos los restaurantes de Frankfurt son de su propiedad, por decir algo.

A: Claro, esto es otro problema; es el problema de las mega-empresas, que otras empresas compran y que finalmente son propiedad de las empresas financieras, que son propietarios ausentes. Lo único que les interesa es hacer dinero, porque no les importa un pito la calidad del producto. No se sienten orgullosos de ello, sólo quieren asegurar las ganancias. Y ganando todo este dinero, no tienen nada que comprar con él, excepto los productos de pacotilla que fabrican los demás.

P: ¿Qué piensa usted del concepto de castigo como disuasivo, en relación con los –digamos– "delitos con víctimas"?

A: No parece funcionar muy bien. El 75% de los delitos cometidos en San Francisco no se descubre y, si así fuera, los presos no cabrían en todos los hoteles de la ciudad juntos. Así que el castigo no parece ser un disuasivo eficaz, en particular la pena capital. Creo que tenemos pruebas procedentes de estados o países en los que no existe, de que tienen acaso menos asesinatos que en los lugares en donde existe. No creo que sea la solución. Existen muchos problemas que se solucionan sin hacer nada.

P: ¿Se originó la idea del castigo en la filosofía judeocristiana o es algo común a lo largo de la historia?

A: ¡Oh, no! No sería justo limitarlo a esta tradición. El castigo es venganza. Es una venganza autorizada. No nos engañemos, es lo que es. Ahora, el Department of Corrections de California mete mucho ruido acerca de la rehabilitación, de modo que en las cárceles hay asistentes sociales, capellanes, eso y lo otro. Pero la verdad es que es un castigo y no es posible sintetizar castigo y rehabilitación. Sencillamente, no funciona. Vivimos en una sociedad en la que muchas instituciones se contradicen mutuamente. Como el matrimonio, que se supone basado en el amor romántico, pero es por otra parte un contrato legal, basado en el antiguo matrimonio de conveniencia. Son conceptos opuestos.

Y además no nos damos cuenta de que la proliferación del gobierno es para la sociedad una amenaza tan grave como el exceso de población, la contaminación y la energía nuclear. En algún lugar de la Biblia, creo que es en el libro de los Proverbios, hay una parábola según la cual había que encontrar (no sé por qué razón) una árbol, o una planta, que se convertiría en el rey del bosque. Así que se acercaron primero al noble roble y le preguntaron: "¿quieres ser el rey del bosque?" Y el roble contestó: "bueno, la verdad es que no tengo tiempo para este oficio. No soy un buen administrador. Mi trabajo es fabricar esta magnífica y dura madera". Por lo que fueron al pino, que dijo: "bueno, creo que no lo haría bien. Mi especialidad es producir este delicioso perfume y también hacerme útil dando leña". Fueron a todos los árboles, y todos ellos dieron excusas. La viña sólo tenía tiempo para hacer uvas. El manzano, manzanas. Por fin, llegaron a la zarza, que dijo: "no tengo nada especial que hacer, acepto." Así que la zarza creció y creció y creció. Y ahogó todo el bosque. Esto es lo que está haciendo hoy el gobierno, y la policía y, hasta cierto punto, el ejército.

En parte, la razón de que se plantee el problema de las drogas se debe al fallo de la religión. Frecuentas un servicio religioso y ¿qué sucede? Pasas mucho tiempo diciéndole a Dios lo que ha de hacer, como si no lo supiera. A continuación, se levanta un predicador y te dice a *ti* lo que tienes que hacer, como si fuera tan fácil. No seas egoísta.¿Por qué quieres no ser egoísta?¿Para tener una opinión mejor de ti mismo? Esto, naturalmente, es egoísmo. No es posible dejar de ser egoísta a propósito. Es como decir que *tienes* que amarme. Sí, llevo algún tiempo casado y mi mujer me dice: "oh, querido, ¿me quieres *de veras*? Y contesto: "lo *intento de veras*".

Así que no vale la pena ir diciéndole a la gente lo que tiene que hacer, si no tiene la capacidad de hacerlo.Para conseguir esta capacidad, la gente tendría que cambiar su estado de conciencia. ¿Qué significa esto? Significa vencer la sensación de enajenamiento entre el ego y el resto del universo, hasta sentirse unido a la naturaleza y la sociedad, en lugar de separado. Ciertas substancias psicodélicas producen exactamente este efecto. Y claro está, a veces esto atemoriza a la gente, porque –digamos, bajo los efectos de LSD-25– es muy fácil llegar a creer que lo que haces y lo que te sucede son un mismo proceso. Y esto puede dar miedo. Pero cuando llegas a darte cuenta de que simplemente algo está sucediendo, dices: "¿quién es el responsable?" Por eso puedes también creer que eres Dios, que lo estás haciendo todo. Pero ser Dios es una responsabilidad terrible.

O al revés: puedes creer lo contrario, que eres una simple marioneta, sin ninguna influencia. Son dos maneras de considerar el mismo estado de conciencia. Cuando tal cosa sucede a alguien que no tiene ni idea de la psicología de la religión, se asusta a no poder más. Pero cuando dicha persona tiene cierta comprensión, es el sucedáneo de una experiencia mística. Es como nadar con un flotador, cosa que encuentra enormemente interesante. Así que, en realidad, es por razones religiosas por lo que la gente toma drogas que alteran la conciencia. Lo mismo sucede con el alcohol. Alguien dijo una vez: "en Inglaterra, los domingos por la mañana hay más cristianos en el bar que en la iglesia"–o sea, más comunicación humana. El asunto puede estudiarse desde tantos puntos de vista... pero los curas *nunca* resultarán útiles mientras se limiten a ser moralistas. Nuestra religión tiene que hacer algo mucho más eficaz que moralizar. La nación está, de hecho, intentando construir una religión creíble. Veamos ahora: ¿Qué pensáis sobre esto?

P: Dice usted que el país necesita una religión creíble. ¿Esto es posible?

A: ¿Y por qué no? No tendría que ser necesariamente organizada, pero, de hecho, el país está intentando crearla.

P: Doctor Watts, ¿acaso el país no tiene ya una religión creíble?

A: No. Creo que no. No sé cuál podría ser. Tiene dos tipos de cristianismo echado a perder; y judaísmo, que tiene a Dios como abuelo, por no decir mamá, para todo lo que se refiere a la práctica. No estoy hablando de los místicos hasídicos y otros tipos fascinantes, sino del país en general.

P1: Supongo que lo que digo es que, ciertamente, quizá no tenemos una religión creíble que salte a la vista, pero en realidad hay una religión creíble. Ahí está, para todo el que quiera experimentarla y vivirla.

P2: ¿Cuál es?

P1: El cristianismo.

A: Sí, pero vea usted, el problema es que cuando dice que el cristianismo es en realidad la religión creíble, aunque la mayoría de la gente no lo sepa, esto es su opinión.

P1: Y del mismo modo es su opinión que no sea la religión creíble.

A: Bien, claro, lo es. Porque creo que una de las primeras cosas que se le piden a una religión creíble es que sea franca y diga que toda la autoridad te pertenece. Porque tú eres quien la compra. Dicho de otra forma, si crees que la Biblia es cierta y le das autoridad, eres tú quien se la da. Es tu opinión. O si, por otro lado, como dicen los católicos romanos, los protestantes creen en sus propias ideas acerca de la Biblia, pero nosotros la interpretamos según la autoridad de la Iglesia, esto no hace sino plantear el problema en otros términos: has comprado la autoridad de la Iglesia. Mientras tengas un sistema autoritario, te estás engañando a ti mismo.

P: Si Dios es autoritario, estamos engañándonos a nosotros mismos.

A: Bueno, si crees que Dios es autoritario en el sentido de Monarca del Universo, no veo cómo puede usted ser un ciudadano leal a la república de los Estados Unidos y creer que la república es la mejor forma de gobierno.

P: ¿Y por qué no?

A: Porque si el universo es una monarquía, entonces, obviamente, la monarquía es la mejor forma de gobierno. Esta es la raíz de la lucha social, en los Estados Unidos, hoy día.

P: De hecho, yo no estoy en desacuerdo con ello. Depende de quién sea el monarca.

A: Sí, claro, así es. Pero tenemos una república. Lo que significa democracia en el Reino de los Cielos. Esto sería considerado subversión por los que creyeran que el universo es una monarquía. Éste es el problema en que se metió Jesús. Tenía conciencia cósmica. Sabía que era uno con Dios. ¿Cómo podía expresar esto, en el contexto de la religión hebrea, que adoptó su imagen de Dios –que es, todo sea dicho, idólatra– de los faraones de Egipto y los mazharases persas? El Dios bíblico es un monarca del antiguo Oriente Próximo. El título del emperador persa es Rey de Reyes y Señor de los Señores.

Resulta que soy un sacerdote, de incógnito, de la Iglesia Anglicana. El predicador se levanta y dice: "oh poderoso y eterno Dios, Rey de Reyes y Señor de los Señores, único Gobernador de los Príncipes que desde tu Trono contemplas a todos los habitantes de la tierra. Te rogamos humildemente que protejas a nuestra soberana Isabel, la Reina, y a toda la familia real...". Pues bien, éste es el lenguaje de la adulación cortesana. Aunque el Presidente de los Estados Unidos se está convirtiendo rápidamente en una especie de figura real, se supone que estamos en una república y la Constitución de los Estados Unidos procede, en gran parte, de la filosofía de los místicos cristianos, desde el siglo XIV al XVII, con la inclusión de grupos como los cuáqueros, los niveladores, los anabaptistas, los Hermanos del Espíritu Libre, y si Jesús hubiera vivido en la India, y hubiera dicho: "el Padre y yo somos uno", todo el mundo hubiera dicho: "claro, felicidades. Por fin te diste cuenta".

Mirad, el problema es éste: el cristianismo cometió un error al pretender ser la única religión verdadera, o al menos, la mejor. Quienes lo afirman, nunca han estudiado las otras. ¿Cómo van a saberlo? Se convertiría en una religión mucho más creíble si admitiera ser un miembro de la gran fraternidad. Esto va a suceder, porque ahora tenemos sacerdotes hindu-católicos y por cierto que son un grupo de personas de lo más interesante. Lo esencial es que el cristianismo verdadero no es la religión *sobre* Jesús, sino la religión *de* Jesús. La *palabra de Dios* no es largos discursos sobre Jesús, sino conectar con la experiencia de Jesús, su propia conciencia interior. San Pablo lo dice así: "tened la mentalidad (o estado de conciencia) de Jesucristo, quien, existiendo en forma de Dios, no consideró que ser uno con Dios fuera algo digno de ser codiciado, sino que se humilló y se hizo un don nadie, un hombre; y en esta condición se hizo obediente hasta la muerte". Lo que está siempre intentando decir es: ponte en el mismo estado de conciencia que Cristo. "Estoy crucificado con Cristo, pero, no obstante, vivo. Pero no yo, sino que es Cristo quien vive en mí". Se volvió *alter Christus*, otro Cristo, lo que supone una alteración del propio estado de conciencia, de forma que ya no eres este ego miserable e insignificante, sino una encarnación de Dios. Entonces sí que eres religioso.

P: ¿Podría hablarnos de la elaboración de una religión creíble?

A: Tiene que basarse en la experiencia, no en la palabra.

P: Usted dijo que le parecía que había una lucha por conseguirlo y quisiera que hablara un poco sobre ello.

A: Sí. Hay innumerables manifestaciones de ésto, en múltiples direcciones, especialmente entre los jóvenes. Hay un tremendo despertar del interés por la religión y la filosofía orientales, a juzgar por la venta de libros, cosa que es una señal bastante exacta de lo que sucede: la proliferación de los cultos. Después de todo, en San Francisco tenemos el mayor monasterio zen del mundo, aunque pueda parecer extraño. Y todos estos grupos de yoga –hay yoga en la televisión. En la Universidad de Harvard y en la de California se dan cursos sobre meditación. La meditación trascendental, llamada TM, ya la practican millones de personas. Y, en la UCLA , la kundalini yoga es una asignatura. Pero el problema de las drogas es un síntoma de lo mismo.

P: ¿Piensa usted que esta tendencia está tomando tanta fuerza?

A: Sí. La necesidad está haciéndose muy fuerte porque, al fin y al cabo, una persona joven que, hoy día, tenga un poco de inteligencia o sensibilidad, no ve futuro. Fijaos en el montón de problemas, de los que cada uno, considerado aparte, sería abrumador. Exceso de población, hambre, la bomba, contaminación, destrucción del medio ambiente, deterioro de los productos... se puede decir que estamos comiendo plástico.

6. POEMAS

alfa

Cuanto pude concebir
de raro, ajeno al máximo,
sorprendente y "otro", resulta ser
mi yo más íntimo;
oculto con un ingenio
tan asombroso y tan complejo, que
no es más ni menos que todo.

Lo "otro" en que me oculto
es todo cuanto es remoto:
las lejanías del espacio y del tiempo,
la impenetrabilidad de otra persona,
las inhumanas formas del pez o el insecto
que te ponen la carne de gallina,
la soledad de los desiertos y los océanos,
los aspectos de mi propio carácter
que quisiera negar con más ahínco,
la erupción de lo orgánico en formas cancerosas,

el laberinto de la locura y
el reconocimiento increíblemente disfrazado del amor.

Mediante tales estratagemas
juego al escondite conmigo mismo–
me amo y me acuso,
me asusto, me río de mi mismo,
chillo, grito y gimo por mí mismo,
bailo conmigo–
usando en este juego no sólo las
inmensidades del tiempo y del espacio, sino también
toda la complejidad del dentro-fuera
que llamamos vida orgánica e inorgánica.

omega

La realidad cotidiana,
la gente corriente
(esa pelma, Susy Smith, goma de mascar)
–cosas vistas a la viva luz de lo real
cubiertas de polvo–,
¡qué disfraz éste! ¡qué estratagema!
Esta gente ni siquiera sueña
que ses millones de dioses
cada uno de ellos,
y que "no me comas el coco"
se pronuncia a través de un arabesco de tubos sonoros
con aire que llega del principio del tiempo…

La estación de gasolina de la esquina, en la tarde cálida,
el tipo modelo de siempre, todo él béisbol y coches deportivos,
el olor del tubo de escape, las carteleras,
la tan sedante monotonía:
"no hay nadie más que nosotros aquí, chicos".
¿Con cuánta habilidad llegarás a disfrazarte?
¿Hasta qué extremos,
en tu pretensión de no ser Dios?
¿De que tu piel desnuda no es tu ropa?
¿De que no te escondiste en este Pontiac falso
al principio, antes de todos los mundos?
¿De que el polvo no es billones de joyas?
¿De que los neumáticos viejos no son la Rueda del
Nacimiento y de la Muerte?

psi

¡Esconde eso!
Cubre con piel esos sucios órganos.
Con ropa esa piel indecente.
Ese montón de ropa en un armario.
Los armarios con una casa.
Y ahora que ya lo tenemos todo, ¿dónde lo meteremos?
Y cuando ya no lo queramos, ¿quién va a limpiarlo?
La inacabable transformación de la materia prima en basura.
El hombre expulsado de la tierra por su propio basurero.

No hay quien imagine horno ni fundición que alcance
a las montañas crecientes de marcos de puertas rotos,
estufas rotas,

nudos de tela metálica, latas aplastadas,
tripas de armonios viejos,
monstruos sin nombre de plástico quebrado,
muñecas decapitadas,
bicicletas sin ruedas, cojines rasgados vomitando
miraguano,
botellas no retornables, maniquíes pechugones,
marcos de cuadros romboides, jaulas a trozos y
masas inconcebibles, cuerdas de hilo eléctrico,
pieles de naranja, cáscaras de huevo, pieles de patata,
bombillas,
todo ello aliñado con cierto barniz del todo inidentificable.

¿Va a limpiarlo alguien?
¿O no hay manera –por fin–
de esconder la danza de Shiva?
¿Puede el mundo, como también la gente, disolverse
en risas?

pi

La polaridad puede jugar al escondite
en cualquier dirección,
no sólo izquierda o derecha, arriba o abajo, delante o atrás,
sino en todas las direcciones del espectro de
los sentidos y las emociones,
a través de la oposición de lo continuo
y lo discontinuo,
lo vital y lo mecánico, lo vago y lo articulado.
Los diferentes medios son diferentes estructuras del espacio.

Un olor podrido es una esponja más intrincada
de agujeros que un dulce,
y cuando nos metemos dentro, y comprendemos su tipología,
ya no es "podrido".

El aire que pasa a través de un tubo simple produce
un tono puro.
Tuerce un poco el tubo (aunque ¿qué lado torceremos
antes?) y
el tono tiene textura, y, si la curva oscila, ritmo,
hasta complicarse lo bastante para convertirse en habla.
¿Y podemos hacer más sutiles las curvas,
las texturas más complejas,
el habla más ingeniosa, hasta que el sonido primario
sea incapaz de reconocerlas?
¡Así me pierdo yo en los pasajes infinitos!

fi

Una semilla, flotando en su blanco estallido del ocaso,
cruza el cielo, suspirando con el sonido
de un avión a chorro invisible.

La atrapo por un pelo entre el pulgar y el índice,
y lucha por liberarse.
"¡Oh, pero si es sólo el viento que la mueve!"¿Seguro?
¿Podría hacer que el viento se meneara así, si no tuviera
esos pelos como frondas, de espacio de plata hilada?
Responden al viento, como al subir corriendo la colina
respondo

a todo el movimiento del espacio más allá de mi piel,
más allá de la piel de mi tráquea, de mis venas e intestinos,
más allá de la piel que tapiza mi estómago.
¿Me muevo yo, o es el espacio el que se mueve?
(¿Qué lado se curva antes?)

omega

Lo no humanamente organizado no precisa
superar el lugar en donde está.
Pensar doble, como ver doble.
Líneas verticales sobre pared
duplicándose también la textura al tacto.

> *Las cosas paralelas son*
> *duplicados de la misma imagen.*
> *Mota de humo*
> *junto a meñique*
> *se une con reflejo de lo imaginario*

Repetición de hojas en rama, fila de libros, etc.,
parecen ser reflejos uno de otro. Observando paralelos
y órdenes
ordinariamente ignora.
Formas de ojos cerrados interpretan sensaciones
táctiles y emociones.
Las proyecciones infinitamente múltiples cacto–falo
trognoise
–todas dentro de una esfera.
Círculos concéntricos atrapan formaciones

preexistentes
ondas en espacio, en el campo óptico,
correspondientes a
ondas en las cosas (proyectadas)
Las ondas ópticas seleccionan vías en el
mundo "real" para manifestarse.

Cosas
que tienen
ecos.

Mis ideas están también estructuradas
como el espacio óptico.
La abstracción combinándose con los datos
de los sentidos, dándoles forma como
geometría abstracta, pero sin entrar en conflicto
con ellos,
como proyección en una mancha Rorschach.
No distorsión de la visión, como si mirara a través
de un vidrio deformante.
Identidad de forma abstracta & realidad sensible.
Estructura de formas es USAR lo que ves.
"*Imposición* muy imperativa de un orden abstracto
sobre el mundo".

Infinidad de formas sobre formas, proyectándose
todavía
sobre el campo de los sentidos.
Eco que devuelve el origen de tu propio sonido.

ÍNDICE

editorial airós

Puede recibir información sobre
nuestros libros y colecciones inscribiéndose en:

www.editorialkairos.com
www.editorialkairos.com/newsletter.html

Numancia, 117-121 • 08029 Barcelona • España
tel. +34 934 949 490 • info@editorialkairos.com